KU-618-807

Far's the Paper?

fifty-two weeks in the life of Dod 'n' Bunty

by

BUFF HARDIE

of

SCOTLAND THE WHAT?

1985
ABERDEEN JOURNALS LIMITED

© 1985
Aberdeen Journals Limited

ISBN No. 0 9510642 0 7

Printed in Great Britain
by W. M. Bett Ltd, Tillicoultry

Foreword

By STEVE ROBERTSON

Big-time journalism is a tough world to break into and when the *Evening Express*, no less, commissioned Buff and myself originally to write this sensational saga of city life we were naturally flattered. This was obviously a big decision by the Features Editor, to which he had given a lot of thought. 'Fit aboot ha'ein' a shottie writin' something for's?' were, if not his exact words, a fair bowdlerisation anyway as he raised his green eyeshade (Aberdeen Journals senior staff issue) and surveyed our enjoyment of the executive lunch to which he had expansively invited us, and which Buff and I finished paying for; just as well it was only a pie and a pint.

That was about the middle of 1983 and the first episode of Dod 'n' Bunty appeared a couple of months later. We used to write it, as we do all our joint efforts, with profound reluctance, beginning with a wide-ranging discussion about the day's sport, events at home and abroad, and anything else which will enable us to put off the dreaded moment when we have to try to take by surprise that blankety blank sheet of paper; then when we do eventually begin, there is much examination of unhelpful space amid gloom, despond and occasional flurries of half-baked creativity which become the immediate subject of nit-picking analysis. Contrary to what might be expected, writing in partnership usually takes twice as long because of the unspoken right of partnerial veto.

These desultory vapourings are all very well on weekdays when we continue to bask in the warm consolation that everyone else is at the office, and anyway the next show might be a month or so away, but weekends with a Monday deadline are a very different kettle of fish. It was hardly surprising then that after a few months of damaged Saturdays or murdered Sundays even the glamour of the Lang Stracht wore off. I longed for a game of golf again, a day in the country; I yearned even to mow the grass. Modest ambitions to be sure, but rendered almost impossible of fulfilment by the logistic demands of the weekly column. It occurred to us that to reduce the number of writers by half would eliminate these logistics problems for one and reduce them by half or even more for the other. So it was, then, that on this particular exercise we were able to part in harmony and with a hint of relief.

Since then, eighteen months ago, the epic has flowed and gathered strength under the solo Hardie hand. I have happily become a Tuesday evening follower. And as the evidence emerges of Dod's past history and present predilections – a former pupil of Hilton School, a devotee of the cinema with a particular liking for American musicals, a fervid adherent of Aberdeen Football Club – I sometimes ask myself who it is that he reminds me of; if in some future episode Dod reveals that he can reel off the name of the English Test team which beat Australia by one wicket at the Oval in 1902, then I think I'll know.

Preface

Who are Dod 'n' Bunty? you may ask, though you
shouldn't have to if you live in Aberdeen. Most
people in Aberdeen know them, or have at least
seen them, or heard them, or overheard them.
They tend to sit behind you on the Kincorth bus, or
they are two ahead of you at the check-out in Fine
Fare; Dod is to be found twenty seats along from
you at Pittodrie, where you have no doubt marvel-
led at his whispered analysis of the finer points of
the game (it is, for example, his firmly held belief
that no Aberdeen player has ever been offside),
and it was Bunty who offered you a Malteser in the
Odeon 2 during 'Chariots of Fire'.

Given the insular and close-knit nature of Aber-
deen society you probably know several of the
many relatives of Dod 'n' Bunty. You may know
their son Gary, or their daughter Lorraine, whose
wedding forms the dramatic climax to this book,
and if you move in the political scene you will
certainly know Dod's life-long friend, Frunkie
Webster, the dedicated trade unionist, committed
supporter of and perpetual liability to, the Labour
Party in Aberdeen.

This book is a collection of tea-time conversa-
tions between Dod 'n' Bunty which took place in
their home in Aberdeen between the summer of
1984 and the summer of 1985, and which were
produced weekly in the *Evening Express*, the
editor, who lives next door, having overheard them
through the wa'.

In these pages, against a backdrop of such great
events as the Anne/Diana rift, the Cattofield by-
election and the municipal breast-feeding, Dod 'n'
Bunty live out their lives, constant in a changing
world, staunch, hard-working, unswervingly
loyal – jointly to the Queen, separately to Willie
Miller and Hilda Ogden.

He seeks in vain who would find anything extra-
ordinary in Dod 'n' Bunty. They would never claim
to be extraordinary. They are special only in the
sense that we are all special, all unique individuals
with unique experiences and feelings. Here, in the
case of Dod 'n' Bunty, the experiences are re-
corded, the feelings laid bare. Joy, despair, sorrow
and heartburn: all human emotion is here.

Far's the Paper?

Full-strength big Hampden

ABERDEEN manager Alex Ferguson today publicly named his team to keep the Scottish Cup at Pittodrie.

And, as expected, the Dons boss has picked his strongest side to tackle Celtic in front of an all-ticket crowd at Hampden tomorrow.

The players have k...

tomor
prese

Winne
again
to be

'There's nae doot, Bunty, weeman are movin' intae men's territory . . . efter the Cup Final I'd an affa argy-bargy wi' a Glesca wifie.'

Far's the paper?

Jist a minute. I'm readin' aboot Celtic bein' annoyed that the SFA wanted the Cup Final played in the richt spirit. Hey! Fit a mess the paper's in. There's great lumps been cut oot o't.

Sorry, Bunty. But I winted the picters o' the Dons bringin' hame the cup for my scrap book.

Ye're a richt bairn – keepin' a scrap book o' fitba picters at your age. My brither did that fan he wis twelve.

Weel, sae did I. But I persevered wi't. I didna chuck it in like him. He disna ha'e the same stamina as fit I've got. It's nae wonder baith his loons dropped oot o' R.G.I.T. It's in the blood.

Hey, did ye see R.G.I.T. is gain' tae be expanded, an' Gordon's College is movin' intae the country?

Fa telt ye that?

It says it here, look. 'Gordon's College for Green Belt – proposal.'

'Gordon's College for Green Belt?' I thocht that wis a reference to a new and colourful form of capital punishment. Hey, fit aboot gi'in's a hand, Bunty? I've cut the picters oot. Fit aboot you stickin' them intae the scrapbook? That's woman's work.

Fit a bloomin chik! Woman's work! You'd better watch yer step – makin' sexist remarks like that.

2

Fit div ye mean – watch my step?

Well, the Toon Cooncil's settin' up this new Women's Committee – somethin' tae dae wi' the Sex Discrimination Act. I'll report ye tae them. Dolly Webster sometimes plays snooker wi' een of the mannies that's gain' tae be on it.

Een o' the MANNIES that's gain' tae be on it? I thocht ye said it wis a Women's Committee.

Well, but there's a Sex Discrimination Act now, ye ken. Ye canna ha'e a Women's Committee withoot mannies on it. That wid be daft.

Of course. Stupid of me, Bunty. I shouldna hiv asked. Mind you, I think this 'hale feminist thing is gettin' oot o' hand. There's a bit in the paper there aboot the General Assembly o' the Church o' Scotland ha'in' a debate aboot whether God is wir faither or wir mither.

I ken, an' I dinna think they should intrude intae God's private life. I think that's a very personal matter between God and his Maker.

Exactly. Or HER Maker. But there's nae doot, Bunty, weemen are movin' intae men's territory. I mean, in Glesca on Setterday efter the Cup Final I'd an affa argy-bargy wi' a Glesca wifie.

Dod! You promised me you widna get intae nae trouble. I ken fit Glesca wifies can be like. My cousin Sandra's a Glesca wifie.

Sandra?

Aye. The een you ca' Giant Haystacks.

No, no. This wifie wis naething like Sandra. Onywye, me an' Frunkie Webster went intae the City Bakeries for a cup o' tea, an' she wis at the next table. Well, me an' Frunkie wis analysin' the match – calmly and rationally – and Frunkie made the perfectly valid point, to which, I may say, I entirely subscribed, that the referee had been in error.

In sendin' aff Aitken?

No. In nae sendin' aff at least three mair o' the Celtic players.

An' did the wifie hear fit Frunkie wis sayin'?

Aye. She must hiv hid fantastic hearin'. Cos he wis just spikkin' in the same conversational tone he'd ben usin' a' efterneen at Hampden.

An' fit did the wifie dae?

She chipped in. She comes ower tae oor table and she says she's never heard sic a load o' biased, prejudiced, one-sided rubbish in a' her days. Of course she was a Celtic supporter.

Fit wye div ye ken? Wis she wearin' a green an' white scarf?

No. She wis a nun.

3

'Lovers' get the brush-off from city

By GAIL McDIARMID

A PLAN to promote Aberdeen's image as the "city for lovers" has been given the elbow.

'Yon lang stringle that used to be an usherette at the Majestic.'

Far's the paper?

I didna think you'd be interested in the paper noo that the fitba's finished.

There's plenty o' ither things I'm interested in, Bunty. Like Dick Emery's wife gettin' some mair o' his money. Puir Dick. Did ye see fit he said? He said he couldna resist long-legged show girls. I ken the feelin'.

Oh aye. You wis affa keen on Vi McInnes, wis ye?

Me? Keen on Vi McInnes?

Aye. Yon lang stringle that used to be an usherette at the Majestic.

I dinna think Vi wis fit Dick Emery had in mind fan he spoke aboot long-legged show girls. It's funny you should mention Vi, though. I hidna seen her for years, but I saw her last Wednesday.

Vi disna ging tae the Star an' Garter, dis she?

No, no. I wis in Fine Fare fan somebody ran intae the back o' my leg wi' their trolley. An' it wis Vi. She wis lookin' well. She's pit on a bit o' beef, ken?

My, you mak' her sound very glam. Far did ye pick up yer amazin' gift for description, Dod?

Nae need tae scoff, Bunty. Vi wis askin' for ye. We went intae the cafe placie for a cup o' tea.

Oh, very cosy.

Well, she wis wintin' tae get a' my news. And I wis desperate for a seat 'cos my leg wis in agony far she'd rammed me.

4

And fit did ye spik aboot?

Well, she'd been watchin' Dallas the nicht afore, an' we fell tae speculatin' as to fa micht have shot Bobby.

'At's great, 'at. Ye never spik aboot Dallas tae me. Ye aye say it's a lot o' rubbish. Fan I've got it on ye never look up fae yer paper. Except fan Pam comes on. Or Sue-Ellen. Or this new een, Katherine.

Fa div you think shot Bobby, Bunty? Little Christopher? I widna pit onything past that kid. He terrifies the life oot o' me. No. I think it wis Miss Ellie.

Awa'. Fit maks ye think that?

I wis readin' somewye she's goin' tae be written oot o' the next series, so they'll be lookin' for some wye to get rid o' her. Well, she jist could be convicted of first degree murder and shipped aff tae Alcatraz. I wonder if Burt Lancaster's still in there wi' his birdies.

Dinna be feel, Dod. It couldna be Miss Ellie. That's nae believable. That couldna happen in real life.

Stranger things have happened, Bunty. Like me meetin' Vi McInnes efter a' these years. An' ye ken fit I'm askin' mysel'? Wis it an accident fan she bashed me wi' her trolley? Or wis it a cry from the heart? I must admit I hid a wee greet mysel'. It was bloomin' sair.

Well, you can forget the 'hale thing. Dinna get ony ideas aboot Vi McInnes. Aiberdeen is not a City for Lovers. That's the official Cooncil view. Fit aboot Vi, onywye? Fa's she married til? Did she merry yon bloke that played the saxophone at the Palais?

He didna play the saxophone at the Palais. He wis the chucker-oot at the Douglas.

Well, she telt me he played the saxopohone at the Palais.

Well, Vi wis aye prone tae romantic fantasies. Ony-wye she didna merry him. She niver married. She wis ower ill tae please.

I wish I'd been mair ill tae please.

Dinna come it, Bunty. You did a'richt for yersel'. There wis a lot o' broken herts fan I married you.

Aye. They were a' in my family.

Look, I dinna think Vi McInnes ever got ower me merryin' you. I think she carried a torch this past thirty years.

Awa'. She stopped bein' an usherette fan the Majestic closed.

'He wisna wearin' his baseball cap, wis he? I mean it's pathetic the wye he apes a'thing Arthur Scargill dis.'

Far's the paper?

Here ye are. There's a nice story aboot the new Lady Provost the day. It says she met the Lord Provost at the Locarno.

Fit's the Lord Provost daein' at the Locarno? That's nae fit I expect o' oor civic chief.

No, no. Nae the day. Years ago. That's far they first met.

At the Locarno? That's far we first met, Bunty. Years I went to the Locarno. Every Setterday nicht. Lookin' for talent. Never ony luck.

And then, eventually . . .?

And then, eventually, I stopped gain'. I started gain' tae the Palais. It wis handier for the Star an' Garter. Me an' Frunkie Webster, we used tae start aff at the Star an' Garter aboot half-past seven. An' aboot nine o'clock we set aff for the Palais via the Grill an' the Copper Kettle. I will admit by the time we got on tae the fleer at the Palais we werna much o' a danger tae Fred Astaire.

No, but ye were a danger tae a'body else on the fleer.

Spikkin' aboot Frunkie Webster, he'd a very strange experience last wik. He'd tae ging tae London for a trade union meetin', an' . . .

6

He wisna wearin' his baseball cap, wis he? I mean it's pathetic the wye he apes a'thing that Arthur Scargill dis.

No. He'd lost his baseball cap. An' he couldna get anither een. So he wore a cricket cap instead. It didna ha'e the symbolic significance of Mr Scargill's baseball cap, but maist folk thocht it made Frunkie look jist as stupid as Arthur looks in his baseball cap, so Frunkie wis fine pleased.

He's an affa Frunkie, but fit aboot his strange experience?

Well, he went doon tae London in the sleeper. An' afore he left I met him in the Star an' Garter for two or three jars. Well, whether that wis the reason we will never know, Bunty, but aboot one o'clock in the mornin' Frunkie found himsel' staggerin' doon the corridor tae the toilet.

In his pyjamas?

In his pyjamas an' his cricket cap.

Well, of course, ye never ken fa ye're gain' tae meet, div ye?

Exactly. Well, fa did he meet? He met an elderly gent shoutin' the odds aboot there nae bein' a potty in his compartment. Apparently he'd got up oot o' his bed an' struggled alang the corridor to the toilet. An' he'd jist got there fan the train stopped. At Waverley Station.

An' of course there's some things ye dinna dae fan the train is standin' at a station.

If you are the master of your fate, Bunty – yes.

An' fa wis he, this aul' gent?

None other than the Earl of Kintore. Probably Aberdeenshire's best known peer.

Of the realm?

Of the railway on this occasion. An' he wisna pleased at a' aboot the paucity of potties. He telt Frunkie he wis gain' tae ask a question in Parliament aboot it.

In the Hoose o' Commons?

No. Given all the circumstances, it wid be mair appropriate in the Upper Chamber.

Well, he'd certainly get the support o' a' the liberal peers there.

7

ts

The story behind the college boy ban

BY JEAN McLEISH

AN ABERDEEN city centre store will be going it alone with a ban on pupils from Robert Gordon's College College from its restaurant.

Other leading city centre restaurants and stores say they have no experience of misbehaviour or vandalism from the school's pupils following allegations of "appalling behaviour" by boys in Littlewoods in Union Street.

(marginal column text, partially visible:)
nen at
and
which
for to-
i aver-
iinute
:s with
ation

: Wick,
burgh,
Tiree,
i Ben-
zike be-
d 1 p.m.
>ort of a
ie years

ds of the
General
rill meet
on June
ir further

(IP
was for
rwance to
the men

'The words micht be offensive, but at least they wid be spelt richt.'

Far's the paper?

I'm still readin' it.

For ony sake, Bunty, wid ye hurry up. I'm fed up readin' *The Aberdeen Citizen and Advertiser*. A rare name for a paper, that, eh? Catchy. Trips aff the tongue. I mean, by the time ye've read the name ye're gassed. Ye're ower exhausted tae cope wi' the bathroom suite adverts.

There's a lot o' good stuff in The Express *the nicht, Dod. A' aboot the Economic Summit and the European Parliament Election.*

Oh, that's very excitin', that. I hope yer Uncle Donald wi' the weak hert disna read the paper the nicht. It'll be ower much for him. I'm tellin' ye Bunty, *The Evening Express* will need tae come up wi' something mair grippin' than that if it's gain' tae lure me awa' fae the bathroom suite adverts.

Well, it's got a bit aboot the new Women's Committee: they've made a rule that all females have to be called Miz.

Nuh. Try again, Miz Bunty.

Well, here's a story aboot Ronald Reagan. Aboot his geniality.

Oh, he's very genial. Naebody's ever denied that.

Sorry, nae his geniality. His genealogy. It says here he's got Scottish blood in him.

Well, dinna tell Jock Stein. He's lookin' for a right winger. And he's maybe mair desperate than he's lettin' on.

Oh, and there's a bittie aboot Nancy. It says, 'Last week Mrs Reagan fulfilled a long-standing ambition by meeting Prince William for the first time'.

8

A long-standin' ambition? It canna be that long-standin'. The bairn's nae twa year aul yet.

Fit aboot this, then? Here's something for you tae read. Mair aboot D-Day.

That's mair like it, Bunty. Aye, that wis some landin', that.

Aye, Dod. You're lucky you were jist ower young tae be in the War.

I've been in battle conditions, Bunty. I wis intae Littlewood's for a cup o' coffee twa wiks ago.

Afore the ban on the Gordon's College loons?

Aye. It wis pretty rough in there, Bunty. I didna tell ye aboot it at the time. I didna want tae upset ye. Mind you, it's an ill wind. Ken the wye ye keep tellin' me I shouldna tak' sugar in my coffee?

Aye.

Well, I didna that mornin'. I took salt in it. Not by design, I might add. Some joker had pit the sa't fae the salt cellar intae the sugar bowl, an' the sugar intae the salt cellar. An interesting exercise in logistics fan ye come tae think o't.

And d'ye think it wis a Gordon's College loon that did it?

There's no way of knowing, Bunty. Faever did it covered up their tracks with a fiendish cleverness borderin' on the uncanny.

But wis there nae graffiti in the toilets? I thocht maybe they could tell fa did that fae the spellin'. There's some clever loons at Gordon's. I mean, the words micht be offensive, but at least they wid be spelt richt.

For ony sake, Bunty. It's a mercy Frunkie Webster, that champion of egalitarianism, didna hear ye sayin' that. Just because it is in the private sector Gordon's College does not have the monopoly of accurate spellin'. Nor grammar, nor naething. There's naething special aboot Gordon's College. The loon that sat next tae me at Hilton – he went tae Gordon's. He won a bursary.

Oh, aye. Fit happened til him at Gordon's?

He got his Highers.

And then?

He went on tae University. Spent fower years daein' an honours degree in maths an' physics.

Good for him. So HE's een that's come a lang wye fae Hilton.

Nae reely. Then he wint tae T.C. Cam' oot for a teacher. He's back at Hilton.

Eisenstaedt

Aberdeen

ʜᴏw ꜰʀᴏm aɪ

ABERDEEN refused to show her prettiest face last summer for the world famous photographer Alfred Eisenstaedt.

It was July, but his two-week stay here to create a portrait of the city was jinxed by rain and grey skies. The Silver City hid her sparkle behind a veil of mist.

Nevertheless it was going to take more than bad weather to

'Joe Loss is class. I mean, this is nae yer Wham or yer Culture Club rubbish.'

Far's the paper?

Ye hinna time tae read it. Ye should be gettin' ready. Ye canna ging tae Joe Loss wearin' bricks like that.

I dinna think I'm fit tae ging tae Joe Loss. My leg's still yarkin'.

I still canna understand fit wye oot o' a' the folk that wis on the festival floats you were the only een tae get injured. I mean, that float ye were on – fa's wis it again?

The Pittodrie OAP's.

Aye. There wis wifies o' eighty on that float. They got on an' aff nae bother. But you had tae scrape yer ankle.

Scrape my ankle? I nearly broke my leg. It's a lang wye doon fae that floats. An' there wis neen o' the aul' wifies wid gi'e me a hand.

For ony sake. Fit were ye daein' on the Pittodrie OAP's float onywye?

Well, Wattie Elrick – ken? bides in Merkland Road – he asked me if I wid ging on tae help fill it up. An' I thocht: the Pittodrie OAP's float in the Aberdeen Festival – that's the nearest I'll ever get tae playin' for the Dons.

Well, come on, get ready. Ye're nae ga'in tae spile the evenin' for the rest o's. It wis your idea tae get Gary an' Michelle an' Lorraine an' Alan tae come wi' us. 'We'll get the kids tae come,' you said, 'so's they can hear fit real dance music's a' aboot'.

10

Well, that's richt. Joe Loss is class. Definitive. I mean, this is nae yer Wham or yer Culture Club rubbish. Gary an' Lorraine are in for an experience the nicht. I ken that twa. They think they're jist comin' tae humour us. But we'll ha'e the last laugh. I jist hope my leg stands up tae that fancy steps we used tae dae in the slow foxtrot. Jist try a reverse turn iv noo. You sing the music.

La, la, la, la, la, la, la.

Oocha!

Are ye a' richt?

Well, it's pretty excruciatin', Bunty. I'll jist ha'e a wee nippie oot o' the Johnnie Walker bottle. Presumably there's a licence at the Beach the nicht?

A licence?

A bar, that I can ging til in the event of my requiring emergency medication.

Aye, there's a licence. It's nae the Carlton Place Bowlin' Club we're gain' til. But you winna need strong drink. Michelle will be there. I telt ye it wid come in handy Gary gettin' engaged tae a nurse.

I've a lot o' time for Michelle, Bunty. It's Alan I canna be daein' wi'. I like Michelle. I'm lookin' forward tae gain' oot wi' her. D'ye think she'll be wearin' the green dress wi' the nae back?

It'll be a nice fem'ly outin' a' thegither. Alan's very nice too.

Very nice? A bloke that's never been tae Pittodrie? Fan the Dons won the cup Alan didna ken the score till the Monday. It's nae natural, that.

You're far ower hard on him, Dod. Kennin' aboot fitba's nae a'thing.

Jist aboot.

Alan's very artistic. An' I think it's gettin' serious wi' him an' Lorraine.

Dinna tell me. Fit mak's ye think that?

He came in this efterneen wi' a present for me.

A present? For you?

Aye. It's a book o' photographs o' Aiberdeen. By an American mannie. Eisenhower.

No, no, Bunty. He wis a president.

Oh. Well, Eisenstein.

No, no. He wis a Russian film director, an' he invented the theory o' relativity in his spare time. It widna be him.

Isaac Benzie?

That sounds mair like it.

Hosepipe ban on cards for Grampian

A BAN on hosepipes for watering gardens and washing cars will be introduced from Tuesday in most parts of Grampian Region unless there is a dramatic improvement in water levels.

People appear to have

feet above th... fire.

The men veloped in ch in the 47ft y some made own. The o be helped stretch by r who were in minutes.

But a co was helped six, later die

Today po the third m as scaffold Francis (39 mingham.

Earlier no

'It wisna an impersonation. It wis yer actual all-singing, all-dancing Princess Margaret.'

Far's the paper?

Hiv ye time tae read it? I thocht ye were gain' back tae help Grunnie wi' her gairden.

No, I'm nae gain' the nicht. This wis gain' tae be a nicht for waterin'. But the regional council's pit a ban on waterin' gairdens.

For ony sake, Dod. It disna apply tae windae boxes.

It dis so. Every mickle mak's a muckle, Bunty. If there's a top level policy decision tae go easy on the water, a'body's got tae go easy on the water. No matter how apparently trivial the amount. In the Star an' Garter the nicht Frunkie Webster drank his nippie o' Johnnie Walker neat.

I'm nae sae much worried aboot Grunnie nae gettin' her gairden deen. It's the company she'll miss.

Aye, changed days. I mind fan she couldna be daein' wi' me. But fan I wis roon last wik we had a very pleasant evening. We had a cuppie o' tea an' listened tae the Archers. An' ye ken 'is, Bunty? In the middle o' the Archers on comes this voice soundin' like somebody daein' a nae very good impersonation o' the Queen. But it wisna an impersonation. It wis yer actual all-singing, all-dancing Princess Margaret.

Takin' part in the Archers?

Takin' part in the Archers. I mean fit'll it be next? Princess Anne in Take the High Road, Prince Andrew in Dallas an' the Queen Mum in the Beechgrove Garden.

12

Well, but could ye nae ging ower an' ha'e an 'oor or so wi' Grunnie the nicht even though you dinna dae the gairden?

Oh, fair play, Bunty. She's *your* mither. I think you should ging tae see her sometimes.

Look, ye ken fit happens if I ging tae see her. We jist fecht. I'm nae seener in the door than she's gettin' on tae me. A'thing I dae is wrang, an' she keeps castin' up oor weddin' reception.

Oor weddin' reception? Awa' back in 19-fitever it wis?

Aye. She aye blamed me for ha'ein' beef an' nae chicken for wir main course.

Wis it you that ordered yon tchooch roast beef? I dinna blame yer mither if she's still gettin' on tae ye. It spiled the day for me, that beef. Mind you, there wisna much aboot that day tae spile, come tae think o't

I micht have guessed you widna understand. Mithers can be very hard on their daughters. They can be very unreasonable.

Well, Bunty, I hope you'll mind that the first time you fa' oot wi' yer ain daughter efter she's married.

I still canna get used tae the idea o' Lorraine gettin' merried. I mean, last Wednesday mornin', fan she telt us Alan had proposed –

Aye, it wis gain' tae hear Joe Loss that did it. That's fit pit Alan in the mood.

I hope ye're gain' tae be nice til him, noo that he's gain' tae be een o' the femily.

Nice til him? Fit did I dae on Setterday nicht? I took him oot for a drink an' I wouldna let him buy a round. An' I'll tell ye this. For a bloke that's never heard o' Willie Miller he can fairly shift the beer.

Fit d'ye expect? He's an artist. They're very good at drinkin' beer, artists.

Hud on, hud on. He's nae an artist. He's an art *teacher*. Wi' a regular salary comin' in.

Well, he is just now, Dod. But he's thinkin' o' packin' in his teachin' an' dedicatin' himsel' tae his paintin'. Lorraine says he feels he's got a lot o' great pictures inside him.

Well, there wisna much room for them inside him on Setterday nicht. Nae efter he'd drunk a' that beer that I peyed for. But I dinna like the sound o' this Bunty. A strugglin' artist wi' nae means o' support. Far are they gain' tae bide? They're nae movin' intae oor back bedroom. It never works, a young couple bidin' wi' the parents. Look at Ethel an' Andy, they jist lasted three months bidin' wi' yer mither.

That wis mither's fault. She kept blamin' Ethel for ha'ein' chicken an' nae beef for the main course at the weddin' reception.

Aye, it wis pretty stringy, yon chicken.

'If ye're bothered wi' Gerulaitis, for ony sake dinna scratch it.'

Far's the paper?

Gee whiz!

Far's the paper?

Great shot!

Bunty, I'm spikkin' tae ye. Far's the paper?

'At's the fourth deuce there's been in this game. 'At wis a lovely back-hand passin' shot doon the line, wis it?

Look, wid ye tak' yer mind aff that bloomin' tennis for five seconds an' tell me far the paper is.

Did ye see that? A delicate cross-court volley wi' heavy top-spin. Completely wrang-fitted him.

In the name o' – it's like ha'ein' yer tea wi' Dan Maskell. An' spikkin' o' my tea, far is it? Some o' us have been workin' a' day, ye ken. Slavin' – tae earn an honest crust. An' fit div I find fan I struggle hame, drained an' exhausted? Nae tae mention puggled.

I dinna ken. Fit div ye find?

Well, I dinna find nae tea on the table for a start.

Oh! Lovely drop shot. Richt at the feet o' the in-comin' server.

For ony sake, Bunty. Gi'e it a rest. There's mair tae life than tennis, ye ken. Like my tea. Fit's for the tea the nicht? An fan am I gain' tae get it?

Well, it wis gain' tae be toad in the hole fae the Freezer Centre.

Well, 'at's a' richt. I like toad in the hole. Far is it?

Well, it only needs 30 minutes tae unfreeze an' heat up. An' a good men's doubles can ging tae five sets...

Dinna tell me. So there's nae toad in the hole.

Well, there's nae toad. There is a hole, but it's through the bottom of the dish I wis heatin' it in. Fit a first service 'at bloke's got. 'At's his fifth ace in this set.

Bunty, simmer doon. Ye're gettin' this oot o' a' perspective. It's only a game ye ken. Ye're treatin' it as if it wis as important as a Scottish Cup-tie at Pittodrie.

Dod, there's nae tea an' there's nae paper tae read. So jist sit doon an' enjoy the tennis.

14

Enjoy it? There hisna been naething tae enjoy this year. I've watched McEnroe three times, an' he's never sworn at naebody, or thrown his racquet at the Duchess o' Kent or naething. I think he's gettin' past it.

There's hardly been ony sweirin' this year.

That's richt. In fact nae sweirin' at a', except fan yon fifteen-year-aul' kid knocked oot Sue Barker. It turned oot it wis Cliff Richard that wis sweirin'. He's like that, Cliff, of course.

I'm nae keen on McEnroe. An' I canna get excited watchin' Lendl. But Gerulaitis? That's fan I get worked up. I'm really bothered by Gerulaitis.

Well, if ye're bothered wi' Gerulaitis, for ony sake dinna scratch it, Bunty. It's the worst thing you could dae.

Very witty Dod. You're very cheery for somebody that's nae gain' tae get nae tea. Will ye get a sandwich or something at the Star an' Garter? Are ye meetin' Frunkie Webster the nicht?

No. I've hid a bit o' a difference o' opinion wi' Frunkie.

Difference o' opinion?

Well, mair a row.

A row?

Well, nae sae much a row. Mair a fecht.

A fecht? You an' Frunkie fechtin'? Fit aboot?

You widna really understand, Bunty. It wis on an idealogical point. Frunkie wis of the view that our insertion of Lorraine's engagement announcement in the paper last wik wis a shameful betrayal of oor workin' class background. His exact words wis, ''At's jist swunk 'at.'

Frunkie thocht it wis swunk? Fan did he say that?

Frunkie said it wis swunk fan I met him in the bunk. He said Dolly an' him didna publish it fan Maureen got engaged.

They didna publish it fan Maureen got merried.

That's fit I said tae Frunkie. An' then I telt him that if they HID published it the announcement wid have had tae have said, 'Suddenly at Aiberdeen Registry Office'.

Good for you, Dod. Aw – great shot! 'At's it. Straight sets. Well, I'll awa' ben an' see if I can rustle up some tea for ye. There's a ladies' doubles comin' on noo. I'm nae sae interested in it.

A ladies' doubles?

Aye. Will I pit it aff?

No, no, Bunty. Leave it on.

15

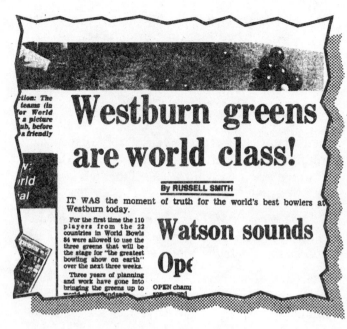

Westburn greens are world class!

By RUSSELL SMITH

IT WAS the moment of truth for the world's best bowlers at Westburn today.

For the first time the 110 players from the 22 countries in World Bowls 84 were allowed to use the three greens that will be the stage for "the greatest bowling show on earth" over the next three weeks.

Three years of planning and work have gone into bringing the greens up to

Watson sounds Ope

OPEN cham

'I widna like tae see ye blawin' half wir life's savin's on a picter.'

Far's the paper?

Here ye are. It's a' aboot the bools the nicht.

Agricultural news, ye mean?

Nae bulls. Bools. The World Bools Championships.

Jist a joke, Bunty. Jist a joke. But it illustrates a point I wis makin' yesterday to one of these very welcome visitors fae abroad.

Een o' the boolers?

Aye, een o' the boolers. A gentlemen fae Bangkok. There he wis, stan'in' lookin' lost in Norco Hoose.

Norco Hoose? Fit had he gone intae Norco Hoose for?

I think he thocht it wis a pagoda. Onywye, he wis wintin' tae ken the wye tae the Westburn Park.

Fae Norco Hoose?

Fae Norco Hoose. Well, that's far he wis. I could see he wisna gettin' much joy oot o' the twa or three Norco Hoose patrons that he'd asked for directions fae, so I went in aboot an' sorted him oot.

'At wis very good o' ye, Dod. I'm proud o' ye.

Well, I think us Aiberdonians has got a civic duty tae be welcomin' tae a' that foreigners. It's nae easy for them, ye ken.

'At's richt. I mean, ha'ein' a conversation wi' an Aiberdonian is pretty difficult if English is nae yer native tongue.

An' even mair difficult if English *is* yer native tongue. I mean the boy fae Bangkok didna spik English, but he wis copin' nae too bad. It's the Canadians an' the New Zealanders I'm sorry for. If ony o' them gets lost they'll never find the Westburn Park.

16

Aye, they will. It's easy enough. Ye canna miss it. It's in the only bit o' Aiberdeen far there's nae cars parked.

There's been a lot o' bad feelin' aboot that, Bunty.

Oh, I ken. Even Alan's spittin' blood aboot it. Lorraine says she's never known him get so passionate aboot onything.

Alan? Fit's he gettin' worked up aboot?

Did Lorraine nae tell ye? He shifted his digs tae Westburn Drive last month. An' now every nicht he's tae get a taxi hame fae far he leaves his car.

I've nae sympathy for Alan. He's nae business bein' oot every nicht gallivantin'. He's an artist, isn't he? He should be gettin' stuck intae his p'intin'. I never realised foo much money there is in p'intin'. Did ye see there wis a picter selt in Sotheby's last wik for seven million quid?

Seven million quid? For one picter?

Aye, by a mannie Turner. It wis ca'd Seascape: Folkestone.

I wonder if Alan's picters'll ever be worth that kind o' money. His last een wis very nice. Mind? He went up tae Aberchirder an' did een o' a field an' a cottar hoose an' twa or three sheep in the distance.

Oh, aye. Landscape: Fogie.

Aye. I thocht it wis really nice. Oh, I widna pey seven million quid for it.

Well, that's a relief, Bunty. I widna like tae see ye blawin half wir life's savin's on a picter. Even een o' Alan's.

It's funny, is it? Thinkin' o' that mannie Turner sittin' there p'intin' awa', nae kennin' his picter wis gain' tae be worth a' that money.

'Twas ever thus, Bunty. Great artists isna recognised in their ain lifetime. There's nae justice. As Frunkie Webster wis reflectin' the ither day.

Frunkie Webster? He hisna started p'intin' picters his he? He's a bloomin' nerve if he his. 'Cos Dolly's been priggin' at him for years tae p'int the sheddie at the bottom o' the gairden.

No, no. Frunkie's nae inta p'intin'. Ye ken Frunkie's twa loves.

Sport an' the trade union movement.

Correct. So he's lookin' forward tae the Olympics, is he? But ye ken ITV are nae tae be coverin' the Olympics? A' ower the heids o' a trade union dispute?

Aye.

Well, in his capacity as branch secretary, Frunkie had sent the ITV technicians' union a letter expressin' solidarity an' support, an' urgin' them tae keep up the struggle.

Well?

Well, for somebody wi' an aul' TV set that canna get BBC, that wis a feel thing tae dae.

17

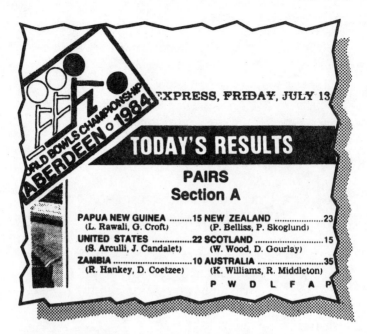

TODAY'S RESULTS

PAIRS
Section A

PAPUA NEW GUINEA 15	NEW ZEALAND 23		
(L. Rawali, G. Croft)	(P. Belliss, P. Skoglund)		
UNITED STATES 22	SCOTLAND 15		
(S. Arculli, J. Candalet)	(W. Wood, D. Gourlay)		
ZAMBIA 10	AUSTRALIA 35		
(R. Hankey, D. Coetzee)	(K. Williams, R. Middleton)		

P   W   D   L   F   A   P

'Ye're fairly intae the boolin'. I never thocht ye'd get that interested in aquatic sports.'

Far's the paper?

I'm nae finished wi't. Here, ha'e a look at the Daily Mirror. *I bocht* IT *the day.*

YOU bocht the *Daily Mirror* the day?

Aye.

Michty, Robert Maxwell didna keep it lang.

Eh?

Forget it, Bunty. But ye're takin' an affa time tae read the evenin' paper. Is there a lot o' wills in the nicht?

No. I'm readin' the boolin' results fae the Westburn Park.

Ye're fairly intae the boolin', Bunty. I never thocht ye'd get that interested in aquatic sports.

Neither did I. I didna ken naething aboot bools afore, but it's been good the wye the papers have explained a' the jargon tae ye.

Well, nae quite it a', Bunty. I hinna seen nae explanation o' the cry, 'Hud up yer heid. Ye hinna the legs', emitted by an anguished bowler when his partner's wood is delivered with insufficient weight. An' fit aboot 'Copie milk'? The papers hinna explained fit that means.

'Copie milk' – fit's that got tae dae wi' playin' bools?

Well, from your study of the recent newspaper guidance, Bunty, fit div ye say if somebody pits up a bool an' allows ower much for the bias?

Ye say it's ower wide.

18

Correct. An' if they dinna allow enough for the bias?

It's ower thin.

Exactly. And on bowlin' greens fae the Stewart Park tae the Links, when a bowl is ower thin, up goes the despairin' cry – 'Copie Milk!' Mind you, I wouldna think it's an expression commonly used by the members of the team fae Botswana or Western Samoa. So that's probably the wye the papers hinna mentioned it.

Spikkin' aboot the Links, Dod, I agree wi' the folk that's against this circus doon at the Queen's Links. I dinna like circuses. I dinna think it's richt makin' elephants stand on their hind legs an' keepin' them cooped up in a confined space.

It's nae as bad as that, Bunty. The elephants get ta'en for a walk alang the Beach Boulevard every mornin'.

I'm nae carin'. I'm still opposed tae that circus.

Fair enough, Bunty. It dis ye credit. There's a lot o' folk think the same as yersel'. Frunkie Webster's cousin Dougie. He's opposed tae that circus an' a'.

Is he a defender o' animal rights?

No, he's the scaffie for the Beach Boulevard.

Dod! Be serious. I wis gain' tae ask ye something serious, but I'm na gain' til.

Dinna be like 'at, Bunty. Fit's the question?

It's aboot the American election. Fa's the dame, Mrs Farrago?

Ferraro, Bunty. Well, this boy Mondale – he wis the vice-president fan the peanut mannie wis in – well, Mondale looks like bein' the Democra'ic candidate against Reagan, an' he's picked this Mrs Ferraro tae be his runnin' mate. So if he got in she wid be the vice-president.

An' then if onything happened tae Mondale, she wid be the president?

'At's richt. The first female president.

Gee whiz. A wifie in charge o' the 'hale country.

Well we've hid tae pit up wi't for the past six years. Fit wye should the bloomin' Yanks nae suffer as weel?

So Mondale's a Democrat. Dis 'at mean Reagan's a Republican?

Bunty, I didna ken you had such a masterly grasp of the American political scene. I feel as if I'm ha'ein' a crack wi' Alistair Cooke.

Well, I think if Reagan's gain' tae win again HE'LL need tae get a female partner. I'm sure he could get somebody nice fae his Hollywood days. I see it wis Ginger Rodgers' birthday yesterday. She wis a good partner for Fred Astaire.

Dinna be feel, Bunty. She wis 73 yesterday. She's far ower young tae be Reagan's partner.

19

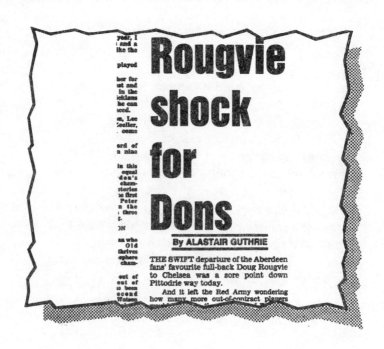

Rougvie shock for Dons

By ALASTAIR GUTHRIE

THE SWIFT departure of the Aberdeen fans' favourite full-back Doug Rougvie to Chelsea was a sore point down Pittodrie way today.

And it left the Red Army wondering how many more out-of-contract players

'If mony mair o' the team ging awa' the Dons micht as weel forget aboot fitba' an' plant Pittodrie oot in tatties.'

Far's the paper?

Here ye are. I see Jack Nicklaus is a doctor noo.

Well, he's been huddin' golf clinics for years, Bunty. Here, is there ony competitions in the paper the nicht? I fancy that holiday in Amsterdam. Or fit aboot a motorin' holiday? Did ye see Jack Wilson (Self Drive) his bocht the Provost's aul' Rolls Royce? We could hire it oot fae 'im for a couple o' wiks.

Now, Dod, stop that. Wir holiday's a' arranged. It canna be changed noo. So stop moanin'. We'll only be awa' three wiks. It'll seen pass.

A'richt, a'richt. But three wiks awa' in August – I'll miss the Dons first games.

If they're played. If mony mair o' the team ging awa' the Dons micht as weel forget aboot fitba' an' plant Pittodrie oot in tatties.

Very witty, Bunty. Very witty – if ye think it's funny tae mak' jokes aboot folk's religion. Fit else is in the paper the nicht? Fit's this rogues' gallery here?

It's jist a row o' bobbies that's got a steppie-up.

Nae sign o' a promotion for yer cousin Charlie? Is he nae sweatin' on bein' made up tae Superintendent?

Hardly, he's jist a constable. Jist an ordinary bobby.

I thocht he wis an inspector.

No, no. It's my cousin Norman that's the inspector. On the buses.

Oh, aye. Norman. I believe he can be a bit o' a hard man.

I'll say he's a hard man. He made my mither pey the full fare 'cos her pensioner's pass wisna richt.

Fit wis wrang wi't?

It wis her photie. Norman said it wisna good enough for identification purposes.

I thocht you said she got her photie ta'en specially last month.

Sae she did. In the cubicle at the Jint Station, ken? Ye sit doon, pit in yer money, and it tak's fower photies o' ye.

So?

Well, somebody'd vandalised it. They'd shifted the seat forward.

Fit difference did that mak'?

Fan the photies came oot o' the slot, neen o' them hid her face on't. She got fower photies o' her chest.

Oh, that wis hard luck, that. But were they good o' 'er? Yer mither usually tak's a good photie.

Weel, that wis the worst thing aboot it. She'd went tae a lot o' bother gettin' her face made up bonny. But she hidna ta'en nae care wi' her chest.

Naturally, Bunty. She thocht it wid be 'oot o' shot', as the TV boys say. I mean, ye'd get an affa shock if ye saw fit Jan Leeming weers on her lower half. So did yer mither get anither set o' photies ta'en?

Awa' ye go. She wisna gain' tae waste nae mair money, an' there's naething on a pensioner's pass that says the photie on it his got tae be yer face. So I jist telt her tae ha'e a good look at the fower she'd got o' her chest, an' pick the best een.

The best een?

Weel, kennin' mither, she probably picked the maist flatterin' een. Nae the best likeness, ken?

But fitever een she chose, I take it it did not comply with the rigorous standards of your cousin Norman.

'At's richt. He said it did not afford adequate means of identification. He says, 'One chest is very like another'.

Well, he obviously hisna hid time tae ha'e a look at that Dolly Parton video we lent him wiks ago.

He says tae mither: 'This photie's nae eese. It could be onybody. Fit wye am I tae ken that you're Mrs Agnes Gerrard, the holder of this pass?'

An' fit did yer mither say?

She says til 'im, 'Weel, I AM yer auntie, ye feel gipe'.

21

council's cleansing depart-

d Mr Miller: "The depart-

just because we pay rates or live in a council house," he added.

"We need watchdogs in some

But Mr Miller countered: "The skip was put there to help residents. Over the holiday weekend

remnants far and wide fault of a very few thought selfish folk."

Fines threat to end street bin dumping

By GAIL McDIARMID

RDEEN householders who rubbish out of doors over-could be facing stiff court

the city's cleansing depart-is planning a big crackdown war against litter.

the man in charge of the ign has sounded a warning

'He couldna get awa' wi' that EVERY *day last wik, so he'd tae kill aff his mither-in-law again.'*

Far's the paper?

Jist a minute. I'm checkin' tae see if my advert's in.

Yer advert?

Aye. I'm tryin' tae sell the bed settee.

Fit? We began oor merried life in that bed settee. Fit a story it could tell.

Aye. It's a mercy it canna spik. Well, onywye, we dinna need a bed settee now that Lorraine's gettin' merried an' Gary's moved in wi' Michelle.

Well, ye ken fit I think o' that move, Bunty. I think it's shockin'.

Now, Dod. A lot o' the young folk dae it these days. It helps their tax.

A son o' mine wi' a dame in a tax shelter.

Aye, you were mair often wi' a dame in a bus shelter. Here's the paper. Hurry up an' finish it. I'm needin' it so's I can wrap up a' this foosty corned beef an' stuff an' pit it oot tae the scaffie.

That's a criminal waste o' food, that, Bunty.

Well, it's your fault. You should never have bocht that box o' kippers at the Fish Festival on Setterday.

I didna mean til. I wis jist standin' watchin' the fish auction fan I spotted a boy I ken. So I gi'ed him a wave, an' it turned oot I'd made the highest bid for the last box o' kippers. It could've happened tae onybody, Bunty. But jist 'cos we've twelve dozen

22

kippers, that disna mean ye've tae gi'e us kippers for every meal. 'At's nearly fower days we've hid naething but kippers.

Well, we're nae gain' tae waste them, are we? Come on, hurry up wi' the paper so's I can throw this ither stuff oot. There's naething worth readin' the nicht onywye. Ye miss the Bowls Supplement, div ye?

Yes, I must admit, Bunty. I developed quite an interest in the bowls. Frunkie Webster, now, he wis really keen. He wis at the Westburn Park maist nichts.

Maist days as weel, fae fit Dolly telt me. I dinna ken fit wye he can aye manage tae get awa' fae his work.

Well, of course, as Branch Secretary, it's amazin' foo mony meetin's he's got tae attend.

GOT *tae attend?*

Well, somebody's got tae attend them. Efter Frunkie's went tae the bother o' arrangin' them. Mind you, he couldna get awa' wi' that EVERY day last wik, so he'd tae kill aff his mither-in-law again.

I thocht she dee'd the day afore the Gothenburg match.

'At's richt. Well, 'at wis the last time she dee'd. She'd dee'd a few times afore that. An' she dee'd again last wik. Mind you, Bunty, on this occasion her sacrifice wis in vain.

Fit wye?

Weel, efter Frunkie hid timed his mither-in-law's interment tae coincide wi' Willie Wood's match last Wednesday, the match wis switched till later – jist tae suit the TV. Frunkie wis spittin' blood fan he got back tae his work.

I dinna blame him. 'Course it's aye the same fan the TV comes in til't, is it?

'At's richt. Mind the Bilermaker's Darts Final last November? Atween Charlie Petrie an' Eddie Mutch. It had tae be shifted a' ower the heids o' the TV.

Eh?

Aye, Charlie an' Eddie baith refused tae play the nicht o' the Miss World Competition.

Look, Dod, I canna get on wi' my work til ye gie's 'at paper. Wid ye hurry up wi't.

Bunty, ye canna pit 'at foosty stuff oot the nicht onywye. Ye've tae ha'e a proper bucket for it, an' ye canna pit it oot till the mornin'. Look, there's a story in the paper: 'Campaign against Grampian overnight rubbish'.

Oh, that's fit that means.

Fit did ye think it meant?

Weel, I thocht 'Grampian' wis Grampian TV, an' 'overnight rubbish' wis the late-night movie.

23

BRITONS GET ON THE MEDAL TRAIL

By BILL MART
Los Angeles

'Far's yer spirit o' adventure? Ye've got tae widen yer horizons. Ye'll enjoy Falkirk.'

Far's the paper?

Ye hinna time tae read the paper. I'm needin' ye tae sit on the suitcase so's I can get it shut. It's aboot time ye did something tae help. It's aye the same fan we ging on wir hol'days. I've aye got tae dae it a'.

Be fair, now, Bunty. If it wisna for me we widna ha'e a car for wir hol'day – one of the few B-registration cars on the road.

B-registration?

Aye. HRG 467B. Ye winna see mony number plates like that on the road.

Ye're sure it's a'richt, are ye? Has it passed its MOT?

Here's the MOT certificate. Fit mair div ye wint?

Look, I ken Frunkie Webster's cousin. Jist 'cos he's got hud o' an MOT certificate tae gi'e ye disna mean the car's been through an MOT test. Ye ken yersel' fit he's like. Fit is't they ca' 'im again?

Dillinger.

Aye. Mind you, gi'e him his due, it wis good o' him tae gi'e us a lane o' his car for three wiks. Is he gain' abroad on his holidays or something?

Well, Bunty, he is gain' ower the water. An' he will be awa' for a few months. But he's nae exactly gain' on his holidays.

Well, we're gain' on oors. Come on an' get this case shut.

Michty, Bunty, we'll never get this thing shut. Are ye takin' a' wir claes wi's? Wid it nae be easier jist strappin' the wardrobe on tae the roof-rack?

24

Dinna be sarcastic. Jist sit on it an' press doon.

Oocha! Fit's this hard thing here? I'll hae a bruise on my . . .

Stop complainin'. That's the Coronation biscuit tin.

The Coronation biscuit tin? We're nae takin' it wi's are we?

Of course we're takin' it wi's. I'm nae leavin' a' wir personal papers an' wir valuables here fan we're awa'. The hoose micht get mugged.

For ony sake, Bunty. Fit hiv ye got in that tin? Wir birth an' marriage certificates, yer granda's gold watch that disna ging, an' Lorraine an' Gary's school reports. Hardly the stuff of a major robbery.

There's a lot o' very valuable things in that tin. Stop spikkin' an' keep pressin' on the case. Keep pressin'. It's nearly shut. I'll jump on it as weel. Watch yer fingers on the catch.

Oocha! Fit did ye say?

It disna metter now. Ye're daein' weel. Tak' a wee rest. Ye're gettin' a bittie reid in the face. Keep sittin' on it, though.

For ony sake, Bunty. I hate gain' awa' on holiday. We should jist hiv hid wir hol'day at hame. You could have deen a bittie mair o' yer spring cleanin'. An' I widna be missin' the Dons' first game.

Awa' ye go, Dod. Ye're a richt pain in the neck. Far's yer spirit o' adventure? Ye've tae widen yer horizons. Ye'll enjoy Falkirk.

Falkirk! Ither folk I ken hiv got relatives in the Cotswolds or the Yorkshire Dales or Blackpool. An' far dis your sister bide? Falkirk!

Now, Dod. Dinna be sae ungrateful. Doris an' Philip disna need tae gi'e us the chance o' their hoose.

Awa' ye go. They jist wint somebody tae look efter it fan they're awa'. Far is't they're gain'?

They're gain' brass rubbin' in the West Country.

Fascinatin'! Well at least the TV'll be the same in Falkirk. We'll still be able to see the Olympics.

Well, dinna lose the heid, Dod, but ye ken Philip's affa intellectual?

Well, I ken he's a teacher, but it disna aye follow . . .

Well, he winna ha'e a TV set in the hoose.

Dinna tell me ony mair, Bunty. I think I'll jist ha'e a wee lie doon. I'm exhausted onywye. I've got the case shut. You lock it.

Oh.

Fit's a dae?

Well, ye mind I said there wis a lot o' valuable things in the Coronation biscuit tin?

Aye.

Een o' them's the key tae the suitcase.

ALLY McLEOD'S wildest dreams came true last night in a fast and furious Skol Cup tie as his part-timers sent the Dons crashing out of the competition.

'Ye mak' Willie Whitelaw look like Buffalo Bill Cody.'

Far's the paper?

Fit paper wid ye like? Ye can ha'e ony Evening Express *fae the 8th o' August tae the 4th o' September inclusive. That's twenty-three papers. Tak' yer pick.*

There's nae need tae be sarcastic, Bunty.

Well! Foo mony times did I tell you tae cancel the papers afore we went on wir holidays? If I telt ye eence I telt ye a dizen times.

A classic case of overkill, Bunty. Eence wid hiv been enough. But you kept harpin' on aboot it that much that I jist switched aff. It's a common psychological phenomenon. Onywye, I'd a lot on my mind the day afore we went awa'.

Aye, I ken. Like fittin' in yer last pint wi' Frunkie Webster.

Spikkin' aboot last pints, Bunty, it wisna MY job tae cancel the milk. 'At wis YOUR job. An' foo mony pints o' milk did we come hame til?

At least I can use up soor milk.

Dinna change the subject. I wis jist makin' the point that ye're nae perfect yersel'.

Stop arguin', an' ha'e anither twa or three scones.

For ony sake. I can see it's gain' tae be wiks afore we start usin' wir Healthy Eatin' Guide.

I'm tellin' ye, Dod, fan I came in the front door an' fell ower twenty-three Evenin' Expresses *lyin' in the lobby . . .*

Look on the bright side, Bunty. If it hidna been for the strike it wid hiv been twenty-four.

26

. . . it just spiled a lovely holiday.

Lovely holiday! Nae'thing lovely aboot it.

Now, Dod. You enjoyed bits o't. Ye enjoyed the nicht we went tae the carnival.

It wis a'richt till we got tae the shootin' gallery. But you should never ha'e hid a go, Bunty. The wye you shoot, ye mak' Willie Whitelaw look like Buffalo Bill Cody.

Well, I'd never hid a rifle in my hand afore. Ye've tae mak' allowances, ye ken.

I made allowances. I stood directly ahin' ye. Twenty feet awa'. An' ye still hit me.

Aye, it took a bit o' daein'. No, no, but I thocht it wis a very successful holiday. Falkirk's sae handy for a lot o' places. 'At wis a lovely evenin' we hid in North Berwick wi' Alan's folk. I think it's lovely tae think o' Lorraine merryin' intae a femily like that. There's a lot o' money there, Dod.

Dinna spik tae me aboot that lot. Bloomin' snobs. Ye ken 'is, Bunty. Ye dae yer best wi' yer kids. Ye try tae bring them up richt. Ye try tae learn them a' the richt things. Ye scrimp an' save so's they can ha'e a good education. An' fa dis yer daughter get engaged til? A solicitor's loon. Far did we ging wrang, Bunty? An' nae jist a solicitor's loon. An Edinburgh solicitor's loon. Brak's yer hert.

Now, Dod. Mr Williamson wis very nice. Very hospitable. He didna need tae open that new bottle o' Cyprus sherry for us.

I'll say he didna. He had a decanter full o' Glenfiddich that he never touched.

Fit wye d'ye ken it wis full o' Glenfiddich?

Well, fan Mrs Williamson wis gi'ein' you the conducted tour o' the Poggenpohl kitchen, Mr Williamson hid tae ging awa' an answer the 'phone. So fan he went oot I established that the decanter wis full o' Glenfiddich. Fan he came back it wisna quite sae full. An' I had given his potted plant a nice drink o' Cyprus sherry.

Dod! That wis his African Violet. That's Mr Williamson's pride an' joy. Ye've maybe killed it poorin' sherry on til't.

Ach, weel. Nae a bad wye tae ging, Bunty – drooned in a cascade o' sherry. Even Cyprus.

Well, niver mind. We'd a lovely evenin' wi' the Williamsons. I thocht the hale holiday wis lovely. Except for the evenin' you insisted on me comin' wi' ye tae share een o' your pleasures. 'It's just a twenty-minute drive fae Falkirk', you said. Yon wis a disaster.

Aye, Bunty, I hiv tae admit. We should never hiv gone tae Airdrie tae see the Dons.

'Ony time he gets fed up wi' her tongue, he tells her he's got a Lodge meetin.'

Far's the paper?

Here's it. I see the Chief Constable says the bobbies in Grampian can cairy on bein' masons if they wint til.

'At'll please yer Uncle Charlie.

He's nae a mason.

No, but he's aye telt yer Auntie Glad that he is. An' ony time he gets fed up wi' her tongue he tells her he's got a Lodge meetin' he his tae ging til.

I dinna understand masonry. But Ernie McWilliam's een, an' he's a nice bloke.

Oh, aye. But I dinna like shakin' hands wi' him, it jist spiles New Year's Day for me every year.

'Course it's a secret society really. I dinna think onything should be secret. I mean, look at the bunker at Tertowie.

Fa? Willie Ironside? Oh no, he's the bunker at Turriff.

No, the NUCLEAR *bunker that the Regional Cooncil's buildin' at Tertowie. Ye never see a lot aboot it in the paper, 'cos it's a secret, ken, but it'll be the nerve centre in the event of a nuclear attack on Aiberdeen. They'll a' be in it – the 'hale regional council.*

Fit? Are you tellin' me, Bunty, that if an atom bomb drops on Aiberdeen, John Sorrie'll be skulkin' in Tertowie fan he's needed here tae sort a' thing oot an' keep essential services operatin'?

Dod, if an atom bomb drops on Aiberdeen, I think it'll tak' mair than John Sorrie tae sort a'thing oot.

Oh, he'll ha'e Bob Middleton tae help him. I would imagine that in the event of a nuclear attack all party differences would be sunk.

I think we'd a' be sunk.

I saw a TV programme last wik. It wis really horrific.

Wis it aboot the aftermath of a nuclear explosion?

Much worse than that, Bunty. It wis Scargill an' McGregor ca'in' een anither names.

Ken fit I wid dae wi' that pair? I wid lock them in a room by themsel's an' tell them they were stuck wi' een anither till they reached a settlement.

You've a very sadistic streak in ye, Bunty, div ye ken that?

Weel, onywye, the wye things is lookin' it's jist as weel I've bocht in a stock o' coal.

Are you hoardin' coal, Bunty. That's very anti-social, o' ye.

Fit wye?

Well, there's only one place we can keep coal in this hoose, an' if you an' me canna tak' a bath it's nae very pleasant for folk sittin' aside us in the bus. An' spikkin' aboot folk in the bus, the mannie aside me last nicht complained 'cos I wis eatin' a cheese-burger fae the Wimpy.

Quite richt. Ye're nae supposed tae tak' yer burger oot o' the Wimpy.

They canna stop ye. Did ye nae read the report o' the Plannin' Inquiry last wik? There wis a QC said he'd looked up the dictionary an' it said a restaurant wis a place that selt food.

They're really clever, that QC's, are they?

But he went on tae say that efter ye've bocht yer food it's yours –

Awa' ye go. It's nae is it? Fa wid have thocht that, now?

... an' ye can dae fit ye like wi't. You have an inalienable right to that food, Bunty. Even though the Wimpy's nae officially a takeaway restaurant, naebody can stop ye takin' that food awa'.

So fit was the result o' the inquiry?

Have a heart, Bunty. Ye canna expect a result yet. The mannie in charge o't has got tae weigh a'thing up. It said it would tak' him aboot thrèe months. An' then he'll pronounce on whether in future the Wimpy can be a takeaway restaurant that folk tak' food awa' fae, or whether it has tae bide a non-takeaway restaurant that folk tak' food awa' fae.

I dinna understand that.

For ony sake, Bunty. Look, it's the same in ony restaurant. If I wis tae tak' you tae Gerard's the nicht –

Oh, nae Gerard's again, Dod. Can ye nae tak' me somewye else? I get richt fed up o' Gerard's.

Very witty, Bunty. Look, I'm tryin' tae mak' a serious pint here. Fit I'm tryin' tae say is, if we went tae Gerard's an' ordered Scampi Provençale an' chappit tatties, naebody could stop us wrappin' it up in this *Evening Express* an' walkin' oot wi't.

Awa' ye go, Dod. That could never happen.

Fit wye nae?

Ye ken fine shellfish brings me oot in blotches. I wid never order Scampi Provençale.

'If the next een's real name is George, div ye think they'll ca' him Dod?'

Far's the paper?

Ye're nae gettin' it till ye've written tae Doris an' Philip in Falkirk. It was very good o' them tae let us ha'e their hoose for wir holiday. The least ye can dae is thank them.

I've nae objection tae thankin' them, Bunty. But I'm nae sendin' them a letter. The price stamps is noo, I'd be cheaper ga'in' doon in the train and sayin' it tae their face. Come on, gi'e's the paper.

Ye're affa jumpy the nicht, Dod. Fit's adae wi' ye?

I am not jumpy. Fit d'ye mean, I'm jumpy?

I ken fit it is. Ye're aye like this the day afore a big match.

Naething tae dae wi' bein' jumpy, Bunty. It's jist the adrenalin beginnin' tae flow. I'll bet it happens tae Fergie as weel afore a big match. Like last Wednesday – he fairly made a difference tae Scotland. 6-1!

Aye. Well, Mrs Ewen alang the road, her sister wis playin' bowls wi' anither wifie, and she telt her that a boy that works wi her son-in-law got it fae Willie Miller's milkman that Fergie gave the Scottish team an affa row for nae scorin' 10.

Spikkin' aboot big rows, did ye see that Scargill an' MacGregor finally agreed aboot something? They said they couldna get peace tae ha'e een o' their fechts because of media harassment.

Fit's media harassment?

Well, it's pressure fae the Press an' the TV. Sometimes they get in the road.

Aye, or worse. Look at yer brither Albert. Fan he won the Britain in Bloom prize for ha'ein' the best backie in Garthdee yon big Jim Love fae the Evening Express *came tae tak' a photie o' it an' stood on his begonias.*

Aye, an' it could have been worse, Bunty. Albert's nae sayin' a lot aboot it, but he wis lucky tae get awa' wi' his nasturtiums unscathed. I wis surprised tae hear that aboot Jim Love. Mind you, gairdens is maybe nae his field. But he tak's rare photies at the Braemar Gatherin'.

Hey, did ye see they're definitely nae gain' tae let female athletes compete at Braemar? I think 'at's very sexist, 'at.

Watch yer language, Bunty.

I mean, if I wint tae compete at the Braemar Gatherin', I should be allowed til.

Ach, I widna bother, Bunty. Ye've nae chance against Geoff Capes and Bill Anderson. I mean ye're maybe bigger than them, but ye hinna got the technique or the strength for the caber. I wis watchin' ye on Sunday night, an' ye wisna makin' a great job o' pittin' oot the bucket.

I wonder if Prince Harry'll be at Braemar next year. That wid be nice. Di wis lovely, wis she, fan she left the hospital. She wis blushin'.

Bunty darlin', I mind the day oor Gary wis born you wis blushin'.

That wis 'cos it wis only six months efter the weddin'.

It's funny ye hinna had naething nesty tae say aboot the bairn bein' ca'd Harry. Of course as far as you're concerned Charles an' Di can dae nae wrang. It wis a different story fan Gary wis born.

Fit d'ye mean? I aye winted tae ca' him Gary efter Gary Cooper.

But I didna. I winted tae ca' him Harry efter Harry Yorston. But no, no. You wouldna ha'e it. You wis deid against Harry as a name. Jist because yer mither had a cousin Harry that wis a bit o' a Jessie.

Well, it pits ye richt aff a name, that kind o' thing. D'ye mind fit Dolly Webster said tae Maureen fan her an' Brian wis thinkin' o' ca'in' their bairn Kenneth? 'I'm nae ha'ein' ony grandson o' mine ca'd Kenneth,' she says, 'he'll turn oot tae be a dreep like Ken Barlow in Coronation Street'.

Spikkin' aboot the Websters, Frunkie's fair chuffed wi' himsel'. There was a sweeper at the Star an' Garter aboot fit Di's bairn wid be ca'd, an' he drew Henry.

I'm surprised at Frunkie ha'ein' onything tae dae wi' a sweeper aboot the Royal Family. He's aye telt me that he's a neo-Marxist Trotskyite.

Sae he is. But he's also very keen on sweepers an' things like 'at. I mean, bein' a neo-Marxist Trotsky-ite disna stop him fae daein' bingo in the capitalist press. He can still dae that an' remain dedicated tae the overthrow of society as we know it, Bunty.

Weel, I jist hope society's nae overthrown the day efter he becomes Millionaire of the Month. Fit a row he wid get fae Dolly. Fit aboot you. Did you ha'e a ticket in the sweeper?

Aye. An' I thocht it wis a lucky omen. I drew my ain name – George.

Well, never mind. Maybe they'll ca' the next een George.

'At's richt. Hey, Bunty. It's jist struck me. This een's real name is Henry an' they're gain' tae ca' him Harry. If the next een's real name is George, div ye think they'll ca' him Dod?

How YOU can help!

648999

VANDAL WATCH

THE "EVENING EXPRESS'
Vandal Watch campaign
starts today — and we are
looking for the wholehearted
support of our readers to
make our experiment a
success.

With the full backing of
Grampian Police, we have set
up a special "hotline" to
handle any calls from the
public about vandalism. It
may be that you have seen
someone causing damage, or
have heard something
suspicious in your
neighbourhood.

By phoning our direct line,
648999, you will be put in

'Ye canna be ower careful fan you've a hoose full o' dollars.'

Far's the paper?

Here ye are. I see the pound is holding its own against the dollar the day.

Thank goodness for that, Bunty. Every time I hear aboot the pound gain' doon against the dollar, I feel it's some kind o' national disgrace. Like losin' tae the Americans at fitba', ken't I mean?

Oh, I ken fit ye mean. But it's a good thing for me, though.

A good thing for you? Fit ye spikkin' aboot?

Well, d'ye mind mair than a year ago fan Gary come hame fae the rig, an' he brocht yon American bloke wi' him?

Fa? The big boy? Dwight? Him that did the Dallas impersonations? He did a very good Sue Ellen.

Aye. An' we pit him up on the bed settee for a nicht. Well, he gi'ed me twenty dollars for his bed an' breakfast. I telt him there wis nae need. I mean, he only had a cup o' tea an' half o' a buttery . . .

Half o' my buttery.

But he widna tak' no for an answer. He left a twenty dollar note under the teapot fan I wisna lookin'.

An' fit happened til't? If he'd gi'en it tae me, I wid have converted it into sterling an' pit it intae the savin's bank. We would have hid a few bob interest by this time.

I ken, but I forgot a' aboot it. I put it in my purse an' it's still there.

Bunty, foo often have I tae tell ye? Ye're richt careless aboot money.

Maybe so, but the wye the pound's been sinkin', that twenty dollars is worth aboot twice as much as it wis fan Dwight gi'ed us it.

Bunty, has Mrs Thatcher heard aboot you? She should mak' you chancellor in her next reshuffle. The country could be daein' wi' a chancellor that his that kind o' luck wi' money.

Well, I widna mind. An' Mrs Thatcher micht get me on tae the Jimmy Young Show. She was very good on it last wik. I wonder if she's thinkin' o' gain' on tae ony ither programmes.

Who knows, Bunty? At her time o' life a lot o' folk ha'e a change o' career. An' she's nae promotion prospects far she is.

She got on fine wi' Jimmy Young.

Aye. The wye he buttered her up I wid think he'll seen be in the Cabinet. Defence secretary, maybe. He'd be better than Heseltine.

An' better than the een afore Heseltine. Yon mannie Nott wi' the specs.

I notice the media his been gettin' on tae him for sinkin' the *Belgrano*.

I ken. I dinna think 'at's fair. I mean, he'd nae idea fit wis happenin'.

Hey, Bunty! Hiv you read this paper? It says here Brigitte Bardot is fifty. That canna be richt. She's nae fifty.

She is. Fifty this year. And sae's Sophia Loren. And Shirley McLaine. Gary telt me. He'd been readin' it in some magazine een o' the boys on the rig had lent him.

Oh, aye.

But he said tae me: 'Never mind, Ma. You beat them a'.'

Well, ye beat them a' tae fifty. By a considerable margin.

Very funny, Dod. It's good tae see ye laughin' again. 'Cos ye wisna laughin' last nicht.

Nae much wonder. I come hame late fae the Star an' Garter, and because the hoose is in total darkness, I have a little difficulty findin' the front door. Then, efter I've found it, I have even mair difficulty gettin' my key intae the lock. That wis a'. There wis nae need for you tae jump tae conclusions.

Well, it could easily have been somebody vandalisin' the front door. And ye've got tae admit, Dod, the bobbies wis quick aff the mark. Twa minutes efter I'd rung the Vandal Watch number they were here.

An' five minutes efter that I wis in a cell. I'm tellin' ye, this country's come tae a pretty pass when a man canna knock ower his ain milk bottles withoot his wife pittin' the fuzz on til him.

I wisna tae ken it wis you. It could've been onybody. An' ye canna be ower careful fan you've a hoose full o' dollars.

33

HALL RUSSELL shop
stewards opening boxes
of "Evening Express"
Save Our Shipyard peti-
tion vouchers are de-
lighted that a quarter of
the target has already
been reached.

For within one week of
the launch of the cam-
paign to keep shipbuild-
ing alive and well in
Aberdeen over 24,000
people have signed up to
pledge their support.

And the first dozen col-
lection boxes in news-
a
s

'The first thing you've got tae dae the nicht is sign this SOS petition for keeping ship-buildin' in Hall Russell's.'

Far's the paper?

I'll gi'e ye it in a minute. The first thing you've got tae dae the nicht is sign this SOS petition for keepin' ship-buildin' in Hall Russell's.

With pleasure, Bunty. I wis gain' tae ask if we had a form tae sign. A'body else I ken has signed it already. Even Frunkie Webster. He's prepared tae let bygones be bygones.

Bygones be bygones? Fit ye spikkin' aboot?

D'ye nae mind? Frunkie started servin' his time at Hall Russell's. But he had a difference of opinion wi' the management on a fundamental question of policy. They thocht that a'body should start on time in the mornin', an Frunkie didna.

Didna think folk should get there on time?

Well, it wis a bittie mair fundamental than that. Frunkie actually didna get there on time. But he soon jaloused that his position and that of the management wis incompatible from something the foreman said.

Oh? Fit wis 'at?

'Here's yer cards, Webster.'

The Lord Provost's signed the petition, and he pit an SOS sticker on til his new Daimler.

Aye. I doot the weight o' that sticker must have been ower much for the Daimler. It conked oot the next day.

It wisna the sticker that made it conk oot. It wis an ile failure. Ootside the new Shell buildin'.

34

An ile failure at the Shell buildin'. Well, well. Spik aboot the cobbler's bairns.

I never kent the Provost's aul' man wis a cobbler.

No, no. It's a proverb, Bunty. 'The cobbler's bairns is –' oh, never mind. Ken 'is Bunty? I'm findin' that meaningful dialogue wi' you is gettin' mair an' mair difficult. An' we baith spik the same language. I'm nae sure fit language it is, but we baith spik it. I mean, fit hope have Reagan an' Gromyko got? Dialogue atween the pair o' them must be pretty shaky. Gromyko disna spik nae English.

I wis readin' somewye that afore he went tae America he studied a lot o' Reagan's aul' pictures.

Oh well, he'll be used tae shaky dialogue.

I wonder if he saw The Hasty Heart. Reagan wis very good in it.

Aye. Nae as good as Richard Todd, though.

No. 'At's richt. I wonder if Richard ever hears fae Reagan these days.

I shouldna think so. It'll be the same as me an' that Welsh boy, Gareth, that I wis sae chummy wi' in the Army. We never kept up.

There wis a Christmas card for five or six years.

Aye. But I never sent HIM een. An' one year he jist stopped, an' that wis the end o't.

Funny folk, the Welsh. But gettin' back tae Gromyko, it said in the paper that his favourite American film star is Dolly Parton.

Dolly Parton? Fit wid an ageing Russian statesman see in Dolly Parton?

The same as onybody else sees in her. It's pretty difficult tae miss it.

So Dolly's an international figure, Bunty?

Oh, a world figure.

Global ye micht say. Even the Chinese like her.

They'll be happy this wik. Gettin' Hong Kong back. Did ye see it said that they initialled the agreement? Fit wye dis a Chinaman write his initials? I thocht Chinese words wis a' picters. Ye canna jist draw a wee bittie o' a picter an' say that's yer initial, can ye?

Well dinna ask me. This may surprise you, Bunty, but I've never asked a Chinaman tae initial naething. I'll tell ye this, though. There wis a tricky moment at the Hong Kong meetin' last wik. The Chinese pit copies o' a document roon' the table, an' the British interpreter thocht it wis a list o' a' the conditions they were sikkin'. An' he says, 'Can ye explain Number 22?' An' the Chinese boy says, 'That's the sweet an' sour prawns'.

FUNE

A SADDENED Aberdeen manager, Alex Ferguson, today led his numbed squad home from their European funeral in Berlin.

Although the Dons' European Cup hopes were dead and buried in a dramatic nerve-shattering penalty shoot-out against Dynamo Berlin, Ferguson will not dwell too long in the general gloom which encircled the Pittodrie party.

And already the Aberdeen boss believes a new star has emerged from last night's stranger

'We'd never noticed the bleed 'cos he'd on his Dons' jersey as weel.'

Far's the paper?

Jist a minute. I'm readin' it. There's anither letter in the great Doric controversy.

The great fit controversy?

Doric.

Fit's 'at?

I've nae idea. Accordin' tae this letter it's the language spoken by the workin' class in Aiberdeen.

A lot o' rubbish. We ken a lot o' workin' class folk, an' they a' spik English. Like wirsel's.

Weel 'at's the pint. This Doric, that this boy's writin' aboot, disna exist ony langer. It's deid. 'At's the wye naebody spiks it. An' he says there's nae pint in tryin' tae artificially revive something that's deid.

'At's fit they said aboot Frunkie Webster last Wednesday nicht in the Bilermakers. He'd deliberately nae found oot the score in the fitba' so that he could watch it on TV as if it wis live. An' the penalty shoot-out wis ower much for him. He collapsed.

Wis it his hert?

No, he wis bleezin'. But he wisna lookin' great.

So did naebody try tae revive him?

Oh, aye. Me an' Dougie Pratt. As soon as Sportscene wis finished we set tae work on him. We loosened his reid an' white scarf and took aff his rosette 'cos it wis jobbin' in til him. 'Course we'd never noticed the bleed 'cos he'd on his Dons' jersey as weel.

36

So hid ye tae gi'e him the kiss o' life?

Well I didna fancy daein' that. I mean, for a' that the Websters are wir aul'est freen's, I dinna even like kissin' Dolly.

So did Dougie Pratt dae it?

No. Dougie didna fancy it either. But he slapped Frunkie's face for aboot 10 minutes. That did the trick.

TEN *minutes?*

Aye. I kept tellin' him tae stop. But no. Weel, ye ken foo determined Dougie is. He kept shoutin', 'We've got tae revive him, we've got tae revive him – it's HIS round'.

I've never liked that Dougie Pratt.

Awa' ye go, Bunty. You never served wi' him in the Gordons.

You never danced wi' him at the Locarno.

He wis a fine soldier, Dougie. I mind he wis eence accused of bein' the smartest man on parade at the Bridge o' Don Barracks. He wis certainly an artist, the wye he looked efter his kit. The blanco Leonardo, we used tae ca' him. Great days, Bunty.

Great days? Fit aboot the coorse Sergeant that ye telt yer mither aboot an' she went doon an' swore at him through the railin's?

Aye, he wis a nesty bit o' work. But it didna dae me nae herm. It wis all character-forming, that ten wiks at the Brig o' Don.

So you an Dougie Pratt'll be jinin' Colonel Gordon-Duff in the Save the Brig o' Don Barracks campaign.

Fit's that? Fit ye spikkin' aboot?

Did ye nae see them in the paper last wik? Three of them _ daein' a bit o' secondary picketin' ootside the Barracks.

Do you realise, Bunty, that every day seems tae bring news of the disappearance of anither Aiberdeen institution? The Brig o' Don Barracks is on the wye oot; Union Terrace Gardens is under threat; and Kate Hadden's away.

Is Kate away?

Aye, it wis in the paper. She got a bittie tae hersel' on the front page o' the *Evening Express*. That's mair than you'll get, Bunty.

I suppose so. It's funny, my mither's aye said that she wid like tae get an obituary on the front page o' the paper.

Is that so? Well, we'll look forward tae that, Bunty.

'The station's got a marble fleer an' TV sets a'wye... they dinna seem able tae get programmes on them.'

Far's the paper?

Here's it. I see Bob Hope's in this country. Is he the elderly imported American that yon bishop was spikkin' about? Or wis that Guy Mitchell?

No, no, Bunty. That wis MacGregor, the coal board mannie. He's got a nerve, that bishop, interferin' in politics. That's nae his job. Moral standards, that's fit ministers should be on aboot. Look at Alan an' Lorraine gain' awa' tae London the gither last wik. That's nae fit the Tattie Holidays are for.

Awa ye go, Dod. I think Lorraine an' Alan were quite richt. Tae dae it fan they've got the chance.

'At's exactly fit I'm afraid o'. It's nae richt, Bunty, an engaged couple gain' awa' tae London the gither on their ain.

Ach, dinna be sae aul' fashioned, Dod. Things change.

Some things dinna. Onywye, I dinna ken fit wye they could afford it. I thocht they were savin' up for a deposit on a hoose.

Sae they are. But the travel agent got them a very good deal. Rail travel an' a lovely hotel an' a free run-aboot ticket on the Underground.

Oh, that had been a great holiday for them. It's beautiful, the Underground. Breath-takin' scenery. Lorraine'll ha'e loved it. She gets claustrophobia in E & M's lift.

It's amazin' the wye yer attitude tae Lorraine an' Alan's holiday changed fan Alan said you could ha'e a shottie o' his car fan they were awa'.

I will admit it wis a generous gesture. He's a fine enough loon, Alan. I jist hope the bobby didna get the number o' the car fan I went the wrang wye alang Bon-Accord Street.

Oh, Alan's a rare loon. I think Lorraine's startin' tae get a bittie excited aboot the weddin'.

Aye, it's nae far awa' noo, Bunty.

June. It'll be here seen enough.

Well, I trust last wik's joint visit tae the bright lights will not have the effect of advancin' the date ony.

Dod!

Well, I'll tell ye this, Bunty. They were lookin' real tired fan I met them aff the train. Hey! 'At reminds me – hiv ye been in the station lately?

No.

It's a' changed. It's got a marble fleer an' TV sets a'wye. Aye, black an' white, an' just tellin' ye the train times. They dinna seem able tae get programmes on them. An' the aul' Arrival and Departure board's awa'. There's a new thing wi' horrible computer writin' instead. Ah weel, Bunty, I suppose it's jist like the changes in moral standards an' Bon-Accord Street bein' made one way. It's a' progress. We've got tae move wi' the times.

'At's richt, Dod. Onywye, you could never read the aul' Departure board withoot yer specs.

I canna read the new een *wi'* my specs. An' anither thing. The shell's gone.

The shell?

The shell. Yon big artillery shell that used tae be in the middle o' the station. It's awa'.

Awa'? It canna be awa'. Ye're haverin'.

Look, Bunty. I saw it wi' my ain eyes.

So it's nae awa!

Dinna come the bug, Bunty. Ye ken fine fit I mean.

Ye mean, ye didna see it wi' yer ain eyes?

'At's richt. That shell is nae langer there.

Well it wisna daein' ony good. It wis jist in the road.

Nae daein' ony good? It wis the great meetin' place for Aiberdeen sports teams gain' awa' in the train tae play awa' fae hame. I mind fan I wis the Assistant Team Secretary for Parkvale an' we had tae ging awa' an' play Rutherglen Glencairn in the Scottish Junior Cup, I sent a' the boys a postcard sayin' 'Meet at the shell'.

Did ye win that match?

I canna mind. I never saw it. I wis the last tae get tae the station an' a'body else had met at the shell an' gone on tae the train. I wis still waitin' at the shell fan the train went awa' withoot me.

I still dinna believe 'at shell's awa'. The Evening Express *has never said it's awa'. An' there's naething happens in Aiberdeen that the* Evening Express *disna tell folk aboot.*

Are you suggestin', Bunty, that conversely, if the *Evening Express* disna tell ye aboot something, it canna ha'e happened?

Certainly. I'm tellin' ye, Dod, if British Rail had decided tae gi'e that shell the chuck, there wid have been a headline in the Evening Express, *'N.E. shell fired'.*

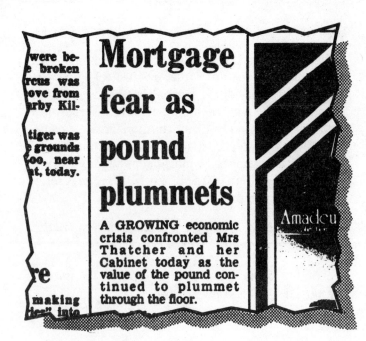

Mortgage fear as pound plummets

A GROWING economic crisis confronted Mrs Thatcher and her Cabinet today as the value of the pound continued to plummet through the floor.

were be-
e broken
rcus was
ove from
rby Kil-

tiger was
e grounds
oo, near
t, today.

re

making
ies" into

Amadeu

'The state of the pound is of no concern to me, 'cos I dinna ha'e een.'

Far's the paper?

Ye're nae gettin' it till ye dae yer fitba' coupon. If seven granite workers can win three-quarters o' a million, fit wye can you nae? You claim ye ken a' aboot fitba.

Sae I div. Well, you heard me fan we wis watchin' Scotland an' Iceland last wik. I shouts tae Willie Miller, 'Cross it, Willie'. An' he did, an' Charlie Nicholas scored.

For ony sake, Dod. Willie couldna hear ye, an' the match wis finished by that time onywye.

It disna metter. It proves my mastery of soccer tactics at the highest level. But winnin' the pools is a different story. It's jist luck, 'at.

It's jist my luck tae be married tae somebody that dis them every wik an' never wins naething. Forty years ye've been peyin' intae Littlewoods. I hope that seven granite workers realise far their winnin's his come fae.

Brighten up Bunty. It's only money. An' ye ken fit they say – money canna buy happiness. It canna buy the important things. I mean we're nae as weel aff as that jammy granite workers, but – if you'll forgive the poetic strain, Bunty – for us, the April shower is jist as fresh, the summer breeze is jist as balmy.

'At reminds me. The gale last wik blew half a dizen slates aff the roof; the rain got in tae the loft, an' it's warped a' yer Mantovani records. An' yer collection o' Pittodrie programmes is sipin.

I'm obliged to you, Bunty, for that cheering piece of information.

40

'At's a'richt. I jist thocht I should brak' it tae ye gently.

Gettin' back tae the three-quarters o' a million the granite boys his won – there's seven o' them, mind, so it's only a hunner thoosand each.

Richt enough. An' a hunner thoosand quid's nae fit it used tae be. It jist disna ging naewye. Nae the wye the pound keeps gain' doon. It's terrible, that, is it?

Bunty, the state of the pound is of no concern tae me, 'cos I dinna ha'e een. I've got 23p in my pooch.

23p? Ye'd a fiver last nicht fan ye went oot tae the Star an' Garter tae meet Frunkie Webster.

Unfortunately, Bunty, that wis exactly five quid mair than fit Frunkie hid. He wis absolutely skint. So it wis aye me that wis on the bell.

Fit wye hid Frunkie nae money? Dolly lets him keep ten quid a wik for himsel'.

Well, financially spikkin' last wik wis a bad wik a' thegither for Frunkie. It a' began fan, as branch secretary, he sent a birthday telegram tae Manny Shinwell.

The mannie fa?

Nae the mannie naething. Manny Shinwell, the Grand Old Man of the Labour Movement.

Oh, him. Oh aye. Hey, d'ye ken my Uncle Jim an' my Auntie Freda in Ullapool? I aye think Uncle Jim looks like Manny Shinwell.

No, I canna see that resemblance. Yer Auntie Freda, now. *She* looks like Manny Shinwell. Or she used til. Afore she gave up her pipe. Well, onywye. Manny wis a hunner year aul' last Thursday.

Oh, aye. An' he wisna pleased because the Queen's telegram wis late. 'Cos it's a telemessage now. She still sends een tae a'body that reaches a hunner. I wonder if she peys for them a' hersel'.

I dinna ken if she dis. But the pint is, Frunkie peyed for HIS een himsel'. 'Cos fan he went roon the members askin' for contributions, naebody wid gi'e him ony. They said he should never hiv sent the telegram withoot ha'ein' a ballot aboot it.

Touch o' the Arthur Scargills aboot Frunkie last week eh?

Weel, in one wye, yes. But nae in anither.

Fit d'ye mean?

Well, mind a few wiks ago Frunkie got a ticket for parkin' on a double yella line in King Street fan he wis at Pittodrie? Well, he's aye been hopin', but eventually he had tae face up tae the fact that the mysterious stranger that peyed Arthur Scargill's fine disnae dae it for *every* persecuted trade union leader.

41

ROYAL TOURIST SEES SIGHTS

m

cs in
have

.trict
com-
ved a
the St
West
treet as
snook-

on by
ure to

THE Queen Mother, just
like any other tourist,
was rubbing shoulders
today with fellow sight-
seers during the highspot
of her four-day Venetian
stay, with a visit to st

Th

ove

ticl

bal

THE Unit
threatene
over the
ban on m

'There is no such thing, Bunty, as an Aberdonian stereotype. There is twa hunner thoosand unique human beings.'

Far's the paper?

Patience, Dod.

Come on, gi'es the paper. I'm wintin' tae see if there's ony news o' Peter Weir's fitness.

He's hid affa bad luck wi' injuries, that laddie, his he?

Diabolical, Bunty. Did ye ken he wis injured in a friendly against Inverurie Loco Works? I dinna ken fit Fergie was thinkin' aboot, playing him in that game. Fan I wis active in Aberdeen junior football circles, a friendly against the Loco Works wis a contradiction in terms. Coorse, did ye say?

You wis never active in junior football circles. You wis jist Assistant Trainer an' Match Secretary o' Parkvale.

I did play sometimes. I mind ae game against the Loco Works. Oor star player wis wir ootside richt, Ernie Fiddes, who subsequently went on tae ha'e a glitterin' career wi' Deveronvale an' Brora Rangers. Well, the Loco Works hid a real terror o' a left back – Dunter Duncan. An' oor committee decided that we couldna risk Ernie against him, 'cos he'd heard a' aboot Ernie, an' he wid kick him aff the park. So they telt me tae play ootside right. But naebody telt Dunter, an' he thocht I wis Ernie. Well, ye ken the wye you aye complain that there's a bit o' my knee sticks oot at an angle an' torpedoes ye in the back fan I turn roon' in the bed? 'At wis

42

Dunter that did that. I only got three kicks in that game. One kick o' the ba', an' 'at wis a heider, an' twa kicks fae Dunter. Baith on my right knee, in exactly the same place. He wis renowned for his accuracy, Dunter. Ken 'is? On a frosty day it still yarks. Come on, hand ower the paper.

Wait a minute. I'm readin' aboot the Queen Mother in Venice. It says she made a special request for a shottie in a gondola. I dinna blame her. I wid be the same. I used tae enjoy gain' in yon boaties they used tae ha'e in the Duthie Park.

Forgive me, Bunty, but I canna quite equate the image of the Queen Mother in a Venetian gondola on the Grand Canal wi' the sicht o' you in a paddle boatie in the Duthie Park. Nae sae regal, ken fit I mean? But spikkin' aboot boats, I see there's a new book comin' oot aboot the sinkin' o' the Titanic. It's by Tam Dalyell. He blames Mrs Thatcher for it.

Div ye see that story in the paper aboot the University lecturer that's been awarded three an' a half thoosand quid tae study the typical Aberdonian?

Fit a waste o' money. Aiberdonians is nae susceptible tae nae facile academic classification. There is no such thing, Bunty, as an Aberdonian stereotype. There is twa hunner thoosand unique human beings. Fa is he, this lecturer, onywye?

Dr John Sewel his name is. Far wid he come fae, I wonder. There used tae be a family o' Sewels bade in Printfield Terrace.

No, no. I ken that bloke. He's English. Fit does he ken aboot Aiberdonians? Fan he spiks tae een he needs an interpreter. As a matter o' fact I saw him last Setterday efterneen. In that bit o' Union Street atween Littlewood's an' British Home Stores.

It says he's a lecturer in the Institute for the Study of Sparsely-populated Areas.

Well, he wis ha'ein' an efterneen aff last Setterday.

If somebody gi'ed me three an' a half thoosand quid I could seen tell them aboot the typical Aiberdonian. He comes hame fae his work shoutin' for a read o' the Evening Express afore his tea. He's got a favourite pub, an' he sees mair o' it than he sees o' his femily. He's got twa bairns. If he's got a loon, he wints him tae grow up tae be the next Willie Miller. If he's got a quine, he wints her tae mairry Neale Cooper or Eric Black. He's nae time for foreigners an' he canna be daein' wi' the English. He canna be daein' wi' ony changes that happen in Aiberdeen, an' he's aye criticisin' the Toon Council for never daein' onything. He's aye shoutin' the odds aboot something, an' –

Wait a minute, Bunty, wait a minute. Ye're spikkin' a lot of rubbish. I'm tellin' ye – there's nae such thing as a typical Aiberdonian. Now, gi'es the paper, and awa' you an' mak' the tea.

EIS ban on out-of-school-hours activities

ALL WORK NO PLAY, SAY CITY TEACHERS

ABERDEEN teachers have voted overwhelmingly to step up industrial action in schools.

By VIVIENNE NICOL

'If the Queen can ging tae the Royal Command Variety Performance, she can ging tae the Mod.'

Far's the paper?

I'm jist ha'ein' a look tae see if there's ony mair aboot the doctors on the dole. It's terrible, that, is it? Especially a' that lady doctors that canna get a job. I'm gled I'm nae a doctor.

A sentiment which I am certain is shared by a grateful public, Bunty. Fit aboot the teachers, though? Is there ony mair aboot their industrial action?

Aye, they're nae gain' tae supervise games, they're nae gain' tae dae dinner duty, an' they're nae gain' tae dae detention duty.

They're nae gain' tae dae detention duty? Bunty, I wis born ower early. I wis aye bein' kept in efter the school. The teachers used tae relish it in the aul' days. I wid hiv welcomed a teachers' work to rule, but there wis never ony sign o't then. D'ye mind yon boy we hid for English at Hilton? He used tae scud ye, gi'e ye lines *and* keep ye in efter the school.

Wis that the mannie that used tae teach religious education as weel?

'At's the een. Retribution wis his specialist subject.

Hey, fit aboot the Bishop o' Sheffield sayin' the Queen should ha'e a hoose in the North o' England an' she should ging tae Doncaster races as weel as Ascot?

Quite right. An' if she can ging tae the Royal Command Variety Performance she can ging tae the Mod.

44

Spikkin' aboot entertainment, Dod ...

Fa wis spikkin' aboot entertainment? I wis spikkin' aboot the Mod.

... did ye notice the Toon Cooncil's maybe gain' tae be spendin' a lot o' money on a film theatre?

Yes, Bunty. As a serious student of the contemporary cinema, I wis delighted tae hear it.

I hinna been tae the picters for ages. An' we wis never oot o' the picters fan we wis young, wis we? I used tae like the Astoria best.

I'll tell ye this, Bunty. Ye got yer money's worth at the Astoria. An' nae adverts an' nae intermission. Fourpence.

Fourpence?

Fourpence tae get into the front stalls, Bunty.

Oh, 'at's richt. I remember that. 'Cos fan we went tae the picters the gither it used tae cost me eightpence.

Aye, eight *aul'* pence. Three pence in today's Monopoly money. Of course we're spikkin' aboot forty years ago.

I ken. An' it's funny, but my favourite film star o' thae days – this is a big day for him.

Fa d'ye mean? I think The Three Stooges is a' deid.

No, no. Ronald Reagan. 'Reegun' a'body in the Astoria used tae ca' him. But it's 'Raygun' now since he became president. I must say, forty years ago I thocht he wis very attractive. He wis aye the nice juvenile lead. But fan ye see him the day he's a gie aul' president.

Fan ye saw him forty years ago he wis a gie aul' juvenile lead. But I'll tell ye fa thocht he wis great in thae days. Thelma McDonald. Thelma Lawson, as she then was.

And as she now is again. Puir Thelma. Did ye notice Songs of Praise on Sunday came fae Aiberdeen? Well, it wis recorded in February, an' Thelma was in the congregation, but ye ken 'is? Ye never saw her on the telly. There wis a wifie I saw aboot a dizen times, but ye never saw Thelma yet. An' she'd got her hair deen an' new specs an' a thing. She wis sick.

Fit wye d'ye ken?

I saw her yesterday. An' it's funny, she wis spikkin' aboot Ronald Reagan, an' she wis sayin' she really fancied him fan he wis young in the Astoria, but she disna fancy him noo.

I'll bet *he* widna funcy *her* noo. But here's the difference: he wouldna ha'e funcied her fan she wis young in the Astoria.

'Oversight' holds up house-buying bid

TWO-YEAR TANGLE FOR CITY TENANTS

By VIVIENNE NICOLL

AN ABERDEEN couple's dream of buying their council house has turned into a two-year nightmare.

For Aberdeen District

'It's one thing feelin' strongly aboot sectarianism an' potentially provocative demonstrations. It's anither thing kennin' the wye tae spell them.'

Far's the paper?

There it is on the fleer.

This canna be the day's, Bunty. There's bits cut oot o't.

'At's richt. I've cut oot a picter o' Princess Di for my Royal Femily scrapbook.

Fit! Afore I've seen it?

You aye say ye're nae interested in the Royal Femily. You pretended ye didna notice Di's new hairstyle at the openin' o' Parliament last wik.

I'm *nae* interested in them. I'm nae carin' aboot nae seein' Di's photie. But fit's on the back o't? I'm maybe missin' something vital.

Dinna be sae ill-natered. Here's the photie. Now, is there onything worth readin' on the back o't?

Wait till I ha'e a look at the photie. Hey, she's very dishy, is she? I like *that* hairstyle now. Very 1940s, that, Bunty.

'At's richt. My mither had a hairstyle like that durin' the war. An' she used tae ging aboot the hoose singin' 'We'll meet again'.

Are you tellin' me that durin' the war your mither looked like Princess Di an' sounded like Vera Lynn? That's nae fit yer aul' man tell me.

46

So fit is there on the back o' the photie? I'll bet its naething worth readin'.

On the contrary, Bunty. It's readers' letters. There's yet anither letter on the important topic of civil defence. This boy that's written in, Pro Bono Publico...

He sounds Italian. He's probably an ice-creamer worried aboot contamination o' the milk supply.

No, no. This bloke seems tae ken a' aboot it. He says in the event of a nuclear attack on Aberdeen only seven per cent of the city's population wid survive.

Dis he mention ony names?

For ony sake, Bunty. An' here's anither letter protestin' aboot the Orange march they're gain' tae be allowed tae hae next May. I thocht it wis maybe Frunkie Webster's letter but it's nae.

Did Frunkie write in aboot it?

Well, he got an instruction last wik as branch secretary tae write in aboot it in the strongest possible terms. But I'll bet he hisna deen it.

Fit wye? He must be against the march — surely.

Oh, aye. He's deid against it. But it's one thing feelin' strongly aboot sectarianism an' potentially provocative demonstrations. It's anither thing kennin' the wye tae spell them. Puir Frunkie. He'd a bad wik last wik. Ye ken him an Dolly are wintin' tae buy their cooncil hoose?

Aye.

Well, the price has been agreed, but efter last wik Frunkie's feart the cooncil micht renege, like they're daein' wi' that ither puir couple.

But Frunkie an' Dolly's hoose wis never a police hoose like 'at een.

Well, 'at's fit we're nae sure aboot, Bunty.

Nae sure? Of course we're sure. The mannie that wis in it afore them wisna a bobby.

Ah, but his wife wis a traffic warden. An' she bade on in the hoose lang efter he ran awa' wi' the dentist's receptionist fae Udny.

Well, but a traffic warden's nae a bobby.

Just another branch of the forces of law and order, Bunty. I'm tellin' ye. Frunkie's really sweatin'.

So fit ither disasters did he ha'e last wik?

Well, his favourite TV personality wis up in the court.

Fa?

Ian St John. Did ye see that he said tae the bobby that stopped him, 'I'm not going to be breathalysed. Don't you know I'm St John?' An' the bobby says, 'I'm nae carin' if ye're the Angel Gabriel. Bla' intae this.'

47

; discharging
being passed to
J for dockers to
for and take
tion.

very frustrating
and if allowed
ue will have an
affect on the
ause," he added.

ational Union of
is trying to get
lies of coal and
ported by foreign
blacked at two
f the big five
stations in the
ast.

Runcie leads city service

THE ARCHBISHOP of Canterbury Dr Robert Runcie, broke off from the General Synod — the Anglican Church's parliament — to visit Aberdeen today.

'The Archbishop of Canterbury was in Aberdeen last wik. Could they nae hae got him tae dae a homer?'

Far's the paper?

There's it over there, on top o' that parcel.

Fit's in the parcel, Bunty?'

I dinna ken fit's in it, but it's the first weddin' present that's come for Lorraine an' Alan.

It's nae fae Frunkie Webster, is it? He took the chance o' buyin' a present for them on Setterday at the Labour Party sale of work at St Katherine's Club.

No, no, it's nae fae Frunkie.

Fa's it fae then? The weddin's nae till June, an' naebody's been invited yet. I mean, I tipped Frunkie the wink that he wid be gettin' an invite, but I hope you hinna been daein' that wi' ony o' your relatives, Bunty.

No, no. This is fae Alan's Uncle Graham – him that's in the Diplomatic Service. He'll be abroad in June. I think he's gain' tae Pekin'. First Secretary in the British Embassy. Wid that be richt?

Oh he's jist a secretary, is he? I thocht he wis supposed tae be affa grand. So we winna be seein' him at the weddin'. Or his wife, either.

It's still gain' tae be a big weddin', Dod. Alan's folk hiv managed tae keep their list o' guests doon tae sixty, but I canna get oor side doon alow eighty.

If it's ony help tae ye, Bunty, ye can leave oot Willie Miller an' Fergie. It's nae as if they're *close* freen's. I mean, I've only spoken tae Willie eence, fan we'd a wee joke efter I spilt my beer in Sweepers. An' I dinna even ken Fergie as weel as that.

48

A'richt, Dod. So if I score oot Mr and Mrs W. Miller an' Mr and Mrs A. Ferguson, that's fower aff oor list. That's aye a help. We'll get oor side doon tae sixty yet. I mean, Auntie Elsie in Kintore's been waitin' two years tae get her varicose veins deen. She'll maybe be ta'en in the day o' the weddin'.

Ye're clutchin' at straws, Bunty. I mean, whether or not Auntie Elsie is gettin' her veins stripped on the happy day there's gain' tae be weel ower a hunder guests tae be peyed for.

I still think it wis very nice o' Alan's faither offerin' tae ging halfs wi' ye. I mean, yon wis an' affa wye tae spik til him on the phone, Dod. Fit wis it he said exactly, that got ye sae riled?

He jist said, 'I hope you won't be angry if I offer to pay half the cost of the wedding'. Angry? Weel, ye ken me, Bunty. Fan he said that, I jist saw reid. I thocht, 'Fit a nerve he's got'. An' I says til him, 'Half o't? You should be peyin' for the 'hale thing. It's you eens that wints the big weddin', nae Lorraine.' An' then he tells me that they couldna care less, an' it *is* Lorraine that wints the big weddin'.

I ken. An' a kirk weddin' as weel. I mean, fan wis we last at the kirk? Fa's gain' tae spik tae the minister? He can be real ill-natered.

I see the Archbishop of Canterbury wis in Aiberdeen last wik. Could they nae ha'e got him tae dae a homer? But niver mind the kirk bit o't. Far are we gain' tae find the money tae pey for half the reception?

We've got the money.

Fit d'ye mean?

I've never telt ye this, Dod. But one wik ten years ago I didna spend a' my housekeepin'.

Didna spend it a'?

Well, underspendin' can occur in the best-run organisations.

And in the regional council's education committee as weel.

'At's richt. Weel, I wisna quite a million quid underspent, but the same wik I hid a nice win at the bingo that I never telt ye aboot either, an' atween the two o' them I hid enough tae pit doon for an insurance policy tae pey for Lorraine's weddin' fan the time came. An' I've kept up the premiums. An' wi' Alan's Dad peyin half I think we'll be a'richt.

Hey – look at this parcel, fitever it is that Uncle Graham's gi'en them, it's got a Harrod's label on it.

Oh, lovely. I wonder fit it is.

I've nae idea, Bunty. But I'll tell ye one thing. Fan Frunkie Webster's present arrives I dinna think there'll be much danger o' duplication.

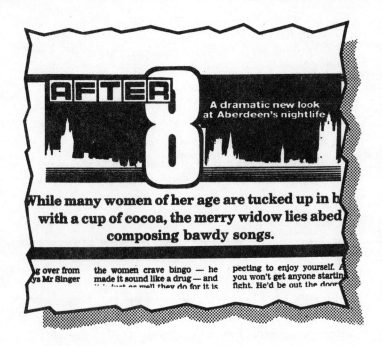

AFTER 8

A dramatic new look at Aberdeen's nightlife

While many women of her age are tucked up in b
with a cup of cocoa, the merry widow lies abed
composing bawdy songs.

g over from | the women crave bingo — he | pecting to enjoy yourself. A
ys Mr Singer | made it sound like a drug — and | you won't get anyone startin
| ᵗ ˢ ᵗ ᵃˢ ʷᵉˡˡ ᵗʰᵉʸ ᵈᵒ ᶠᵒʳ ᶦᵗ ᶦˢ | fight. He'd be out the door

'She aye said I wis a feel tae merry you. An' she was richt.'

Far's the paper?

Here's it. And here's a postcard for ye tae read as weel. It's fae my mither. She's awa' visitin' her cousin Fraser.

Fraser in Peterborough?

Aye. In November pensioners can ging onywye in the train for two quid.

Very good.

Aye, she gets a bit fed up sometimes, bidin' on her ain. So last wik she thocht she'd ging an' visit somebody. She thocht o' gain' in the bus tae see her cousin in the Broch. Aye, her ither cousin – Peter. But it wis cheaper tae visit Fraser in Peterborough than Peter in Fraserburgh.

She aye wis shrewd, yer mither. She'll be switchin' her investments portfolio tae get into British Telecom will she?

Very funny, Dod. But ye're richt aboot her bein' shrewd. She aye said I wis a feel tae merry you. An' she wis richt.

Oh, aye. I suppose she wis happier with the spectacularly successful marriage that yer sister made.

Elsie wis jist unlucky. I mean, she wis affa young fan she merried Arthur. I think it wis the green Morris Minor that turned her heid.

Well, it could maybe turn heids, that Morris Minor. It's jist a peety it couldna turn corners. Especially efter Arthur selt it tae yon minister.

50

Aye, an' of course it wis only efter the minister wrapped it roon' the lamp-post that it a' cam' oot that Arthur had stolen the car in the first place. Arthur went richt aff the kirk efter that.

An' fit a patter merchant he wis. The lees he used tae tell Elsie. Fan hiv I ever telt you a lee, Bunty?

Last Thursday.

Last Thursday?

Aye. D'ye mind I wis late gettin' hame? An' you wis readin' the paper fan I got in.

Yes, I do remember that Bunty. And I recall that an alternative activity which, unless I was mistaken, you would have preferred me to pursue, was the setting of the table. You made a cheerful witticism aboot crockery an' cutlery seldom finding their way on to a table of their own volition. Your exact words wis 'Stir yersel'. 'At things winna flee oot o' the draw'r on tae the table by themsel's.'

Never mind that. Fit I'm sayin' is – you saw the paper afore me that nicht. An' by the time I saw it, the middle pages wisna there.

So?

So fa took them oot?

Well, it wisna me. Fit wid I tak' them oot for?

Well, for one thing, tae stop me seein' the article aboot the Bilermakers' Club.

Wis there an article aboot the Bilermakers' Club?

Dinna come it, Dod. Ye ken fine there wis. An' I'm tellin' ye – fan I read that article, I realised that 'Aberdeen After Eight' wis definitely not a series aboot chocolate peppermint creams. It wis a' aboot this wifie that comes on an' sings fool songs. So that's fit ye jined the Bilermakers' for.

Look, folk dinna jine the Bilermakers' tae see her, Bunty. They jine it for the conversation. She is but an innocent diversion. As soon as she's aff the boys resume their conversation.

Aye – tryin' tae remind een anither fit it wis she said.

I kent ye widna be rational aboot this, Bunty. 'At's the wye I took the middle pages oot o' Thursday's paper, an' hid them.

Well, ye didna hide them weel enough.

Ken 'is, Bunty? I canna mind far I hid them. Did you find them?

On Sunday nicht I found them. I wis watchin' the Royal Command Performance, an' I couldna believe Clayton Farlow wis sic a good singer. So I got hud o' the Radio Times *tae mak' sure it wis him – it gie's ye a list o' a' the star turns takin' part. But fan I opened it, here's this page fae last Thursday's* Evening Express, *and fa's starin' up at me? The star turn o' the Bilermakers' Club.*

'Ye wouldna hiv asked Churchill tae ging tae Woolie's durin' the Battle o' Britain.'

Far's the paper?

There's it on the table. An' there's three Christmas cards that came the day.

Christmas cards? Already? It's a bit early tae ha'e a pair o' robins starin' doon at ye fae the mantelpiece. An' fa's this een fae – wi' the stage coach, an' Louis Armstrong bla'in' his trumpet aside the driver?

That's a nice een that. It's fae Mr and Mrs Walker in Milltimber. She's aye very tasteful.

Div we send *them* een? They're nae relations, an' we never see them fae one year's end tae anither.

Ah, but they're on wir list, Dod. They've aye been on wir list. Her folk used tae bide aside my folk in Middlefield Terrace. She wis a Paterson. She merried a boy that wis high up in Isaac Benzie's. She wis aye very superior. They've nae fem'ly.

So she's nae a mither superior. Get it?

Eh?

Never mind, Bunty. It's ower much tae expect you tae be on a wave-length wi' the new vogue of satirical humour. Fit aboot the robins? Fa are they fae?

It's the een wi the robins I'm worried aboot. It's fae Joyce and Jimmy Coull. An' we never send them een. They've never been on oor list.

Well, *pit* them on oor list. At least they've gi'en us time tae send them een. Nae like the Sutherlands last year. Deliverin' a card by hand on Chistmas Eve an' nae gi'ein' us time tae get een for them. 'At wis deliberate, 'at, of course. They kent fine we wid feel bad aboot it, Bunty. It ruined wir Christmas, that card. Have ye pit them on oor list for this year?

Nae yet. Fit d'ye think? I mean, I hinna changed the list since 1977, fan Wilma Jappy left her man an' I scored them baith aff. Well, I wisna gain' tae tak' sides, an' I certainly wisna gain' tae send twa cards.

But Bunty, even without such domestic traumas, Christmas card lists can be changed. They're nae immu'able. They dinna need an Act o' Parliament tae change them.

Richt enough. Actually, Dod, I'm quite well organised wi' my cards. But I'm in an affa mess wi' my presents. I'm jist up tae the ninety-nines. I ken my mither wints a diary.

52

I never buy a diary till aboot April. They're a lot cheaper then for some reason.

I'll get her a nice een wi' a leather cover . . .

Oh, plastic'll dae for her, surely.

wi' a page for every day.

A page for every day? Fit's she gain' tae fill it wi'?

A'richt. A page for every wik.

Still a waste o' paper. A page for every month'll dae her. An' a half page for February. An' nae pencil doon the back o't. Wi' ony luck she'll never ha'e naething tae write in it.

Weel, I've ower much tae dae tae argue wi' ye aboot a diary, Dod. It's nae a thing for busy folk tae argue aboot.

'At's richt. It's nae as if we wis on the regional cooncil.

I'll ha'e tae try an' get the rest o' the presents this wik. Can you come shoppin' wi' me on Setterday efterneen?

Fit? The day o' the Celtic match? Ye wouldna hiv asked Churchill tae ging tae Woolie's durin' the Battle o' Britain, would ye?

A'richt. Forget it. I ken fan I'm beat. An' I hope Celtic get beat. They've been daein' affa weel lately, though, hiv they? Hard luck ha'ein' tae play their European match again, a hunner miles fae Glesca, is it?

Nae hard luck aboot it, Bunty. I think the SFA should copy that – an' play the Scottish Cup Final a hunner miles fae Glesca. I mean, Hampden's jist a home game for Rangers or Celtic. Every ither year the final should be at Glenbury Park, Stonehaven.

I've been writin' some o' oor cards. Can you post them at the GPO the nicht? I tak' it ye are gain' in that general direction.

Nae problem, Bunty. Ye're absolutely richt. Me an' Frunkie Webster's gettin' intae trainin' for Setterday the nicht. We're meetin' at the Star an' Garter at half past seven. That's if Frunkie's finished writin' his letter.

His letter?

Tae Willie Hamilton. Did ye notice Willie's said he's gain' tae gi'e up his seat in Parliament? Well, Frunkie's got an instruction fae the branch tae write tae Willie wishin' him a' the best an' congratulatin' him on his tireless battle against the evils of privilege and the sickness of a class-ridden society. I've seen Frunkie's first shottie at the letter. It wis very good, but I thocht he spiled it a bittie wi' the P.S. that said, 'After you leave the Commons I sincerely hope you get a peerage'.

Sunday shopping is festive cracker

"A GREAT day" was the reaction of Aberdeen City Centre Traders to the first of the Sunday shopping spectaculars for Christmas.

Thousands of shoppers took advantage of Sunday opening, street

'Your husband's not badly hurt. The most painful things about him are his jokes.'

Far's the paper?

It's ower there, on top o' the TV.

Well, gi'e's it ower, Bunty. Ye ken fine I'm nae fit tae get up oot o' this seat.

For ony sake, ye're nae that bad.

Look, 'at wis a very serious injury I sustained on Sunday. An' I wis lucky it wisna worse.

I still canna believe it happened. An' fan we got hame on Sunday an' I telt Lorraine, she couldna believe it. She couldna believe that onybody could manage tae get knocked doon or rin ower in the pedestrianised bit o' Union Street. Nae even you.

If she'd seen the marks on my legs she'd have believed it. By the time I'd walked tae Woolmanhill I wis sure they were baith broken.

Of course, that wis a feel thing tae dae – walkin' tae Woolmanhill. It wid have been feel even if the Casualty Department had still been at Woolmanhill.

Well, I never kent it had moved.

It moved years ago.

Naebody telt *me*, Bunty. Piece o' nonsense ony-wye. As lang as I can mind, Woolmanhill wis the Casualty place. D'ye nae mind the day Donald Dewar won South Aiberdeen? In the moment of triumph Frunkie Webster wis playin' wi' Gary's gerbil an' it bit him. An' it wis Woolmanhill we hid tae tak' him til.

It wis cheery in Union Street on Sunday, though, wis it?

54

Aye. The traffic wardens wis on the job though. Nae much Christmas spirit aboot them, Bunty. I saw een o' them gettin' on til a boy in the pipe band. He'd left the big drum on a double yellah line.

I'll tell ye this, Dod, I dinna often gi'e ye a word o' praise, but it wis good o' ye tae gi'e's a hand wi' the shoppin' on Sunday. Of course fan ye agreed til't on Setterday nicht, ye wis in a very good mood.

Aye, Setterday wis a good day. A great display by the Dons...

Archie McPherson said they were good. But he said Celtic showed their fighting qualities.

'At's richt. An' 'at's the wye there wis six o' them booked.

An' then, of course, ye seemed tae enjoy yersel' on Setterday nicht as weel. Ye never telt me ye wis gain' tae the picters.

Well, I didna ken I wid be gain'. But Frunkie Webster an' mysel' – well, we are creatures of impulse Bunty. We wis walkin' past the Capitol an' we saw there wis a picter on ca'd 'Bolero'. Well, we thocht it wid be Torvil an' Dean, an' we thocht it wid mak' a good finish tae a great day's sport. Honest, Bunty, we got an affa shock fan it turned oot tae be Bo Derek.

Ye got an affa shock fan ye cam' oot an' walked straight into Dolly an' me.

Well, you never telt us that *you* were gain' oot on Setterday nicht.

Well, we jist funcied gain' tae the pantomime at the Theatre. It wis lovely. Sebastian Coe's sister's in it.

She'll be hopin' for a good run.

There ye go again, Dod. Makin' terrible jokes. I mean, at the Casualty Department on Sunday the doctor says tae me, 'There's nothing to worry about. Your husband's not badly hurt. The most painful things about him are his jokes.'

I'd an affa job gettin' through tae that doctor. Especially fan I wis tryin' tae explain that my injuries had been caused by an elephant in Union Street. He didna seem affa sure fit an elephant wis. He wis Indian, of course.

Well, ye feel gipe, you should have telt him richt fae the start that you were spikkin' aboot a great big inflatable elephant fae Codona's wi' rubber cushions inside for the bairns tae jump up an' doon on. Though fit YOU needed tae ha'e a shottie in it for I'll neve ken. I mean, it's nae wonder the doctor thocht you were feel fan ye said ye'd been trampled by an elephant.

'Trampled *in* an elephant,' I said. An' Bunty – ye can tell Lorraine that I wis baith knocked doon *and* rin ower in the pedestrianised bit o' Union Street on Sunday. As soon as I went inside that elephant there wis one kid knocked me doon an' aboot twenty o' them ran a' ower me.

Maggie backs ads on Beeb plans

But TV chiefs want £65 for licence

AD TE

'I canna get ower the wye you still watch Top o' the Pops. Pan's People's nae gaein' tae come on, ye ken.'

Far's the paper?

Never mind the paper. Tak' a look at this Christmas card. It cam' this efterneen.

Very nice. Fa's it fae?

Well, read it.

'To Dod, Bunty, Gary and Lorraine, a Very Happy Christmas from Freda.'

Well?

Well fit?

Fit d'ye mak' o' that? A Christmas card sayin' 'From Freda'.

Well, I could be wrang, Bunty, but I think this is a Christmas card fae Freda.

Exactly. Fae Freda. Nae fae Freda an' Eric. Fit wye is Eric's name nae on the card? Ken fit I think? I think they've split up. I aye thocht that wisna gain' tae last. Mind fit I said tae you at their weddin'? 'Dod,' I says, 'this is nae gain' tae last'.

Is that fit ye said? I thocht ye said, 'Dod, this will ha'e tae be yer last'. So I didna ha'e anither drink. An' Freda's aul' man offered tae stand me een. An' sae did Eric's aul' man. I widna care, I'd jist bocht a round for that mob that came in fae Gardenstown. I only asked them if they winted a drink 'cos I thocht they were Brethren. But they werena.

June the sixteenth that weddin' wis. An' they've split up already. Well, well.

Well, of course, they went tae bide in Motherwell, Bunty. It's an excitin' place, Motherwell. Glamor-

56

been swept off her feet by the local JR.

Oh, I dinna think so. She's nae exactly a Pamela or a Sue Ellen. She's mair a . . .

Freda?

Freda!

Names have got naething tae dae wi' it, Bunty. Freda could still be a femme fatale.

Of course she could. She could surprise us a'. She could get married as often as Elizabeth Taylor.

Well, that wid certainly surprise us a'. I mean, I dinna think there's ony precedent for a physio-therapist bein' married eight times. Nae a physio-therapist that looks like Freda, onywye.

Oh, she disna look too bad. Fa is it she reminds ye o'? Somebody on the pop scene.

Wham?

No, no. A lassie. Oh – fit d'ye ca' her? Alison Moyet. She sings 'Invisible'.

Invisible? Ye canna miss her.

Ken 'is, Dod? I canna get ower the wye you still watch Top o' the Pops. Pan's People's nae gain' tae come on, ye ken.

Dinna come it, Bunty. Ye ken fine I'm a keen student of television in all its facets. I mean, there's some very interestin' new developments comin' up.

Oh? Like fit, for instance?

Well, they're gain' tae be televisin' the Lords . . .

There's ower much cricket on TV already. That David Gower seems a nice laddie, though. I like his curly hair.

Nae Lord's. The Hoose o' Lords. That essential element in the subtle checks and balances that are crucial to our unique form of democracy. We'll be able tae sit at wir ain fireside, Bunty, an' see history in the makin'. Imagine the thrill of watchin' Lord Home gettin' a' passionate aboot the Bridge o' Don Barracks.

Fit ither new things is gain' tae be on the TV?

Commercials on the BBC. Maybe. Mrs Thatcher's keen on that, apparently.

Oh? She's keen on commercials, is she? Of course, there's a lot of folk like that. A lot o' folk enjoy the commercials mair than the programmes. But I never kent Mrs Thatcher wis een o' them.

The wifie Sinclair alang the road wis tellin' me her man saw Maggie in London last wik.

Matt Sinclair? Fit wis he daein' in London?

He's got a new job that tak's him up an' doon tae London a lot.

Oh? Very swunk.

Aye he's a sleepin' car attendant.

8.00 DALLAS
"The Homecoming." Miss Ellie returns from her honeymoon a changed woman; and J.R. has to handle a defection to Barnes-Wentworth.

'I still think S-a-n-t-a is a queer wye tae spell, Sunty, Bunty.'

Far's the paper?

Jist a minute. Wait till I see fit's on the TV the nicht.

Well, fitever's on the nicht, ye winna get a shock like fit ye got last Wednesday.

Fit? Fan Miss Ellie came back fae her honeymoon? Oh, I ken. Fit a change in her.

It must have been some honeymoon, Bunty.

It wis nice the wye a' the rest o' them went tae the airport tae welcome her, though, wis it? An' neen o' them let on that they noticed ony difference in her. They never showed nae surprise or naething. That wis great actin', that.

I dinna like that new wifie they've got tae be Miss Ellie. She's real nesty-lookin'. Could they nae have got Mary Martin? She's aboot the right age.

Dinna be feel, Dod. Naebody wid believe she wis JR's mither.

Could ye gi'e the drama'ic cri'icism a rest for a minute, Bunty, an' ha'e a look at this Christmas card that wis lyin' on the fleer o' the lobby fan I cam' hame.

Oh, that's a nice een. Fa's it fae? Oh, Me! 'To Dod, Bunty, Gary and Lorraine, all good wishes for Christmas and the New Year from Eric and Freda'. Eric and Freda! Oh, Me!

So they hinna split up efter a'. Either that, or the past wik has seen a dramatic reconciliation, Bunty.

They've nae jist split up, Dod. Look there's a wee note that says, 'We are looking forward to a happy event in May, 1985'.

Oh, so they're splittin' up next May.

Dinna be feel. That means they're ha'ein' a bairn in May. An' I've let a'body ken they've split up.

Ye canna ha'e let a'body ken, Bunty.

I telt Dolly Webster.

You've let a'body ken they've split up.

Oh, Me! Fit a thing tae happen. I'm jist nae gain' tae enjoy my Christmas for thinkin' aboot it.

Ach, dinna worry aboot it, Bunty. Maybe they WILL split up. Maybe they'll split up afore onybody kens that they werena split up fan you said they were.

Oh, d'ye think so? Oh, but fit aboot that puir bairn? A child of a broken home. I winna be able tae enjoy Christmas for thinkin' aboot it. It'll haunt me.

But they hinna split up, ye feel gipe!

Oh, 'at's richt. Neither they hiv. Thank goodness! But I've telt a'body they hiv. Oh, Me!

For ony sake, Bunty. Fit a Christmas this is gain' tae be. I dinna think I can cope wi' yer conscience as well as yer cookin'. Come on an' fill wir stockin's an' get them hung up. It'll tak' yer mind aff things.

A'richt.

Ye ken, it's still something I enjoy aboot Christmas, Bunty – hingin' up wir ain stockin's, even though the kids are lang past that stage. I think it's a very nice little ritual we've kept up, Bunty. I suppose some folk wid ca' me a sentimental aul' . . .

Eejit?

Thank you, Bunty. As long as you walk this earth, romance will never die.

Christmas is a great time for the bairns, though, is it. I wis tryin' tae mind – fan did Gary and Lorraine find oot there wisna a Sunty?

It wis the year Gary asked Sunty for a battery-operated armoured car, an' we thocht we wid get it cheap through Dolly Webster's clubbie book. But they got the orders a' mixed up.

Oh, aye, an' you had tae write a letter fae Sunty sayin' he wid be deliverin' the armoured car next wik but in the meantime he hoped that Gary wid enjoy playin' wi' the nurse's outfit.

'At's richt. I thocht that wid pit them aff the scent. I mind I wis very disappinted fan it clicked wi' Gary that it wis me that wrote that letter.

Well, it wis bound tae click wi' him. Ye made a mess o' the signature. Ye got the spellin' a' wrang.

I still think S-a-n-t-a is a queer wye tae spell Sunty, Bunty.

'It's yer ain fault. Ye should have bocht yer whisky fae a shop like a'body else.'

Far's the paper?

For ony sake Dod, five tae twelve on Hogmanay, an' ye're lookin' for the paper.

Well, I've got tae dae something tae tak' my mind aff this disaster.

Disaster. It's nae a disaster. It's yer ain fault. Ye should have bocht yer whisky fae a shop like a'body else.

Fit d'ye mean? A'body that I ken gets their New Year drink on the cheap fae somewye.

Aye, but they dinna a' ha'e tae depend on Frunkie Webster for it.

Look, Frunkie's never let us doon afore. An' I can mind the meetin' five years ago fan he was appointed Branch Secretary. He wis layin' it on tae the Committee expoundin' his theories aboot controllin' the means o' production an' a' that, fan Tommy Gerrard – he wis the chairman – he interrupted Frunkie, an' he says til him, 'Theories is a' very weel, Frunkie, but the maist important part of the Branch Secretary's job is tae organise a good discount for the members' New Year drink'. An' he his. Every year.

But nae this year.

This year an' a', Bunty. In fact he got a hale consignment delivered tae his hoose. 25 per cent aff. But the hoose is a' locked up. He's disappeared.

Disappeared? Wi' the drink?

No. The drink's still in the hoose. We can see it through the windae. But last wik Frunkie disappeared. We thocht he'd maybe gone tae represent the Branch at Marshal Ustinov's funeral, but no – him an' Dolly have went awa' on a holiday.

A holiday? At this time o' year?

Aye. Tae Tain or Crieff.

Tenerife? Like that NUM boy, Sid Vicious?

Nae Sid Vicious, Bunty. Sid Vincent. No, no, nae Tenerife. Tain or Crieff. Frunkie's got an auntie in Tain an' Dolly's sister bides in Crieff. An, they'd got invitations fae them baith. But naebody kens fit een they've gone til. But fitever een it is, they've got the key tae the hoose wi' them. I've kept hopin' they wid be back in time for Hogmanay. But they're nae. An' 'at's the wye I'm sittin' here wi' nae whisky tae see the New Year in wi'. An' you dinna think it's a disaster!

It's nae a disaster. Ye can drink some makkie-on whisky. Now, fit looks like whisky? I ken, caul' tea.

Caul' tea? We'd that at tea time.

Fit a chick ye've got. It widna hiv been caul' if ye'd been hame in time. But far wis ye? Ye're aye the bloomin' same...

Now, Bunty. Nae fechtin'. In twa minutes' time ye've tae gi'e me a kiss.

I'm nae gi'ein' you a kiss.

Ye've got til, at midnicht. Whether you want til or no. My Da used tae gi'e my Ma a kiss at midnicht on Hogmanay. Even if they were in the middle of a fecht. And they aye *were* in the middle o' a fecht, every Hogmanay.

It wis the same fecht. They never finished it. They were aye fechtin'.

'At's richt. There wis a touch o' the Di an' Anne aboot my Da and Ma

Fit d'ye mean? Di and Anne dinna fecht.

Come on, Bunty. Grow up. Fit aboot Anne nae gain' tae Harry's christenin'? She wis in the huff.

She wis not. She couldna ging. She'd a previous engagement.

Shootin' rabbits?

She'd made an arrangement an' she couldna brak it.

Fa wis gain' tae mind if she broke it? Nae the rabbits onywye.

On Christmas mornin' Anne an' Di went in the same car tae the kirk. Ye saw it on the TV.

That wis a' laid on for the benefit o' the punters that, Bunty. Or else there were economic reasons for it. D'ye mind fan we went tae the Bilermaker's dance wi' the Websters, we shared a taxi even though you an' Dolly wisna spikkin' at the time?

Economic reasons? The Royal Femily? Fit a lot o' rubbish.

Well, they're feelin' the pinch like a'body else, Bunty. You saw the minibus turnin' up at the kirk, an' a hale mob o' them pilin' oot o't. Ye've never seen that afore.

I'm nae listenin' tae ye. I enjoyed the Queen's broadcast onywye. She's a lovely view oot o' her windae, his she? An' she'd a lot o' cards. I wonder fa they were a' fae. It wis nice seein' a' the femily efter the christenin'. He's a rascal, that William, is he? I like Di in blue – it suits her. An' the Queen Mither – fit a darlin'...

Hey, Sleepin' Beauty, it's twelve o'clock. With one kiss I will wak ye up oot o' yer dream. Happy New Year, Bunty.

Happy New Year, Dod. Milk an' sugar in yer whisky?

61

Business as usual for top Don Fergie OBE

ABERDEEN'S soccer supremo Alex Ferguson is made an OBE today on his 43rd birthday . . . and was "celebrating" with a rigorous training

'It disna need tae be rainin' for ye tae get yer feet weet, Bunty, if ye knock ower a hale pint o' beer.'

Far's the paper?

Here's it. I'll keep half o't. Ken 'is, Dod? This is the first nicht I've managed tae sit doon wi' the paper for the past three wiks. Thank goodness it's a' ower for anither year.

Aw, come on, Bunty, that's fit a'body says. But we widna change the New Year, wid we?

No, I widna change it. I wid abolish it. But I did enjoy seein' a' the aul' movies on the TV. Ken? Like 'Brief Encounter'.

Oh, aye. An' 'Some Like It Hot'.

'Mary Poppins.'

'Tarzan an' the Leopard Woman.'

I mind I saw that years ago.

An' my favourite picter of all time, Bunty. I wis ower the moon as soon as we got wir special edition o' the *Radio Times*. 'Cos there it wis: December 30th, 12 midnight – 'High Noon'.

Oh aye. Wi' Gary Cooper an' Gene Kelly.

Nae Gene Kelly. Grace Kelly. Gene Kelly wis on on New Year's mornin' in 'Singin' in the Rain'.

Oh aye. I hope he's neen the worse for gettin' his feet weet.

Quite right, Bunty. Very nesty, gettin' yer feet weet. Frunkie Webster got *his* feet weet the day efter New Year – the Wednesday, an' he's hid an affa caul' ever since.

62

Fit wye did he get his feet weet? It wisna rainin' on the Wednesday.

It disna need tae be rainin' for ye tae get yer feet weet, Bunty, if ye knock ower a hale pint o' beer in the Star an' Garter an' then stand on it wi' a hole in the sole o' yer trainers.

Dinna tell me. Frunkie didna start the New Year by knockin' ower his beer, did he?

No – by knockin' ower *my* beer. He'd drunk his ain beer already – fast. The two events were not unconnected, Bunty.

An' wis that yer first pint in 1985? Fit a terrible New Year for ye, Dod.

It wis a good New Year in other respects, Bunty. Fergie gettin' his OBE for bein' Obviously the Best in Europe.

Aye, but yer team didna ha'e a very Happy New Year.

They're back on course, Bunty. They jist dropped a few points tae mak' it look as if the League wis still open. They didna wint tae kill the season aff afore it wis half-wye through.

You really believe that, div ye, Dod? Ken 'is? I sometimes wonder fa's the biggest feel – you, or me for merryin' ye.

Dinna gie's the patter, Bunty. You thocht ye wis on the shelf.

Look, I could hiv married onybody. Weel, ony o' YOUR lot. Andy Diack, Tommy Bathgate – I could hiv been livin' in the lap o' luxury in Canada. Tommy's got his ain business in Winnipeg.

Fit wye d'ye ken?

I wis spikkin' tae his mither last wik in Fine Fare. She still sends him butteries every wik.

You widna ha'e winted tae merry him, Bunty. I aye thocht he wis a bit o' a Jessie. He never played fitba' or snooker or went for a pint wi' the boys. Well, ye hiv tae admit, Bunty, it's nae normal, that, is it?

Well, you maybe think he wisna normal, but I can tell ye different.

Oh?

I can still mind the nicht he took me tae the Astoria. Jist efter the War. A' you normal boys wis playin' fitba' across the dyke in Central Park. But Tommy took me tae see 'Tarzan an' the Leopard Woman'. At wis the first time I saw it.

And?

An' I'm tellin' ye, there wis naething abnormal aboot Tommy. Fit a maulin' I took fae him. I'd have been safer wi' een o' the leopards.

Evening Express

COMMENT

Lang Stracht, Mastrick,
Aberdeen AB9 8AF

Trike trouble

THE LAUNCH today of Sir
Clive Sinclair's space-age
electric tricycle looks set to
spark off a major road safety
controversy.

For the revolutionary C5
commuter vehicle can be
driven on public roads by
anyone over the age of 14 — and
under existing regulations the
driver needs no licence, no road
tax, no compulsory insurance
and no helmet.

'If ye're that thin, ye'll maybe get intae een o' that new Clive Sinclair Noddy-cars.'

Far's the paper?

Here's it. I wis jist readin' aboot the wifie that got a million quids' worth o' jewellery pinched in Harrod's.

Let that be a lesson tae ye, Bunty. Ony time ye feel the inclination tae jet doon tae Harrod's tae dae yer wik-end shoppin', forget it. Stick tae Norco Hoose. Naebody's every pinched a million quids' worth o' jewellery there. Or if they hiv, the Copie folk have hushed it up. Fit else is in the paper?

Well, a' the best female curlers in the country is comin' tae Aiberdeen for the Scottish championship.

Is that the Scottish hair-dressin' championship? Get it, Bunty? Curlin'. Hair-dressin' championship. I think I'll send that een tae Ken Bruce for his radio programme. I mean, Terry Wogan's a hard act to follow, as they say. I think bringin' in jokes like 'at wid get Ken up tae Terry's level pretty quick.

Bringin' in jokes like 'at wid get Ken back up tae Scotland pretty quick.

Jist the weather for curlin', though, is it, Bunty? A' that ice. An' jist tae rub it in, the papers are full o' stuff aboot far tae ging for yer summer holidays. I dinna think we'll ging back tae Falkirk this year. Oh, I enjoyed it there last year a'right, but I saw a picter in een o' the Sunday papers o' a beach in Ibiza an' it made me wonder if there micht be mair tae a holiday than fit Falkirk had tae offer.

There'll be nae holiday for us this year Dod. Nae wi' Lorraine's weddin' in June. That's gain' tae cost us a bomb. I'll ha'e tae get a new outfit.

You're nae needin' a new outfit. You looked fine at Great-Uncle Ernie's funeral in yon poncho that ye got a lane o' fae Dolly Webster. You can get a lane o't again.

Dinna be feel. Dolly'll be wearin' it hersel'. No, no, I'm gettin' a new outfit. I ken fit I'm gain' tae get. Look – this is Dolly's 1985 clubbie book. Now, page 82, there – fit d'ye think o' that?

Oh, I like her, Bunty. Very attractive.

Nae the model. The outfit.

For you? You could never get intae that.

By June I will. I'm gain' on a diet.

A diet?

Aye, a diet. Nae carbohydrates, nae sugar, nae sweeties, nae butter, an' certainly nae chips . . .

Very good, Bunty, very commendable.

. . . in the hoose.

In the hoose?

If I'm nae gettin' them, you're nae gettin' them.

Aw, mind the last time ye went on a diet, Bunty? I think it wis a Thursday – efterneen. Ye got affa ill-natered. Mind you, we micht be able tae save on a taxi, if ye're that thin, ye'll maybe get intae een o' that new Clive Sinclair Noddy-cars.

I'm sorry for Alan an' Lorraine. It's a worryin' time for twa young teachers tae be plannin' their weddin'.

Aye. I hope the strike works oot for them.

I think it will.

Fit mak's ye sae sure, Bunty?

Well, ye mind last Thursday Frunkie Webster wis here jist afore Lorraine went oot tae her EIS meetin'?

Aye.

Well, Frunkie wis tellin' her fit he thocht the teachers should dae as their next move. An' as far as I can mak' oot fae the papers, they're daein' exactly the opposite. So they must ha'e a good chance o' winnin'.

Point taken, Bunty. Distinguished branch secretary though he has been, stra'egy wis never Frunkie's strong point. Sales o' work, now, an' raffles, an' things like 'at – Frunkie's magic at them.

I ken. I wis jist thinkin' aboot Frunkie fan I saw the picters in the paper last wik o' the alterations they're daein' at the Music Hall. D'ye mind that fair at the Music Hall a few years ago fan Frunkie wisna allowed in the nicht afore tae set up the bottle stall 'cos they were ha'ein' a rehearsal o' the all-in wrestlin'? He wisna pleased.

Nae pleased? He wis absolutely furious. Well, I'll tell ye this, Bunty, Mick McManus kept weel oot o' Frunkie's road that nicht.

65

'Tell her ye can tap oot God Save The Queen wi' yer teeth.'

Far's the paper?

Here's it. Look, Dod. I never thocht I would ever see that headline: 'Moses on vice charge'. I mean, I could understand 'Moses on drugs charges', because he did hand roon' the tablets.

He handed *doon* the tablets, ye feel gipe. Onywye it's nae that Moses. It's Ed Moses, the American sportsman of the year.

This may come as a surprise to you, Dod, but I didna really think it wis the ither Moses.

Well, jist in case ye did, it wisna. Fit ither big news is there the nicht?

Well, surrogate mums are big.

That's true, Bunty. It's a biological inevitability. And, by definition, they get bigger. I see fae this there's a 'hale lot o' surrogate mums in London now.

Well, fit d'ye expect? London aye jist copies Fogieloan.

Spikkin' o' Fogieloan, is there ony word o' far Edward Kennedy is on his world tour of oppressed areas?

I dinna trust that bloke. I think he'd an ulterior motive for gain' tae South Africa.

Fair play, now, Bunty. I canna think o' onybody else that's managed tae unite the blacks an' whites in South Africa; he seems tae hiv managed tae get up *a'body's* nose. I mean, if he could dae the same for Scargill an' McGregor that micht be the end o' the miners' strike.

I heard Mrs Thatcher bein' asked aboot the miners' strike on Woman's Hour last wik. An' she said, 'The end is nearer now than it was at the beginning'.

Bunty, it's that kind of irrefu'able logic that has put this country where it is today.

An' she said she liked gettin' questions fae children 'cos they were simple and unsophisticated. An' she likes keepin' things simple.

Well, ye can tell 'at. Look fit's happenin' tae the pound. It'll seen be exactly the same as the dollar. That'll fairly keep things simple fan we ging wir next holiday tae California.

Some hope.

You may scoff, Bunty, but I wis very nearly bookin' wir flights on Setterday nicht. I hid twa draws richt an' my ither six matches wis aff.

And?

An' the bloomin' pools panel got them a' wrang. I wis thinkin' o' writin' tae Esther Rantzen tae get her tae dae an in depth probe intae that pools panel.

Good idea. An' if ye tell her ye can tap oot God Save The Queen wi' yer teeth on a banana skin she wid maybe ha'e ye on the programme. But gettin' back tae Mrs Thatcher, I wis pleased tae see she's gain' tae let us celebrate Victory in Europe Day.

Well, I think it's a little backward-looking, Bunty. I mean, I'm glad Mrs Thatcher wants to commemorate our triumph in Europe, but I think the time has come to put Gothenburg behind us and concentrate on the future – on achieving even greater glories.

Like fit?

Well, as Fine Fare are about to sponsor the Scottish League, like bein' the first winners o' the Fine Fare Football League, Premier Division – or Top Shelf, as it will be known under the Fine Fare banner.

Well, they'll win if they play like they played on Setterday. D'ye think Rangers'll ging tae Egypt afore their next match wi' the Dons?

Could be, Bunty. Mind you, Jock Wallace, their manager, he's a hard man – very keen on fitness. If they ging tae Egypt he'll probably ha'e them rinnin' up an' doon the pyramids.

Spikkin' aboot hard men, Dod, fit aboot JR gain' tae ITV?

Very intriguing, Bunty. I mean, if ITV have pinched Dallas fae the BBC are the BBC gain' tae be efter some o' the top ITV programmes, like Reflections or Tak' the Ring Road.

It's been a wik for rows aboot TV programmes, his it? I mean, fit aboot the wifie that tried tae swick back on tae Mastermind?

I thocht it wis a poor show, Bunty. I wid never have swicked back on tae Mastermind.

You wid never have been on in the first place.

I'll ignore that, Bunty. I have often wondered fit my specialist subject wid be if I went on tae Mastermind. Of course, I wid want tae ha'e a word wi' Magnus first. But I think it wid be a toss-up atween twa.

I think I ken fit they are. There wis twa good subjects on the last een we saw: British historical documents 1066-1815 or The Speeches of Winston Churchill.

Nae quite. Aberdeen FC Programmes 1975-1985 or The Broadcast Prose Works of Archie McPherson.

Their lordships make a debut

TELEVISION coverage of the proceeding
the House of Lords begins at 2.10 p.m. to
when BBC cameras bring live pictures
debate on the economy — the first televi
broadcast of a British Parliamentary deba

The broadcast marks the start of a
month experiment in televising the worl
the Lords.

The decision to allow cameras into

'Frunkie must have been knockin' back the haggis tae some tune at the Burns Supper.'

Far's the paper?

It hisna come the nicht. It's the sna'. The paper loon had an affa job gettin' his bike up the hill last nicht. It looks as if he's gi'en us up a'thegither the nicht.

Typical o' the younger generation, that. Pampered. Spiled. Bunch o' softies. Fan we wis bairns, Bunty, it took mair than a puckly flakes o' sna' tae stop the paper loon fae gettin' through.

Wis you a paper loon?

No. My Ma widna let me dae a paper round, 'cos I wis prone to a troublesome chronic condition. I wis affa bothered wi' a rinny nose.

But of course you wisna pampered or spiled. Oh, no. Nae you.

Different thing entirely, Bunty. My Ma wis showin' a genuine concern for the health of a delicate an' sensitive child. An' it worked. By the time I wis thirty that chronic condition had disappeared. An' I dinna ha'e a rinny nose ony mair. Well, ye ken yersel', sometimes a hankie lasts me a wik.

Aye. Ye suffer fae a different chronic condition noo. Fit a state ye were in fan ye cam' hame fae the Burns Supper on Friday.

It wis the haggis, Bunty. It's funny, it seems tae ha'e that effect on a lot o' folk aboot the end o' January.

Is that so? Well, fae fit Dolly Webster was tellin' me, Frunkie must have been knockin' back the haggis tae some tune at that Burns Supper. Or did he mak' the mistake o' mixin' his haggises? Apparently the last thing he can mind is askin' for seconds.

68

No. I hiv tae admit, Bunty, Frunkie wis bleezin'.

Stoned, Dolly said.

Yes, Bunty, there's nae pint in denyin' it. Frunkie was out of the game. At an early stage an' a'. Well, it must be the only Burns Supper far they didna ha'e the Immortal Memory.

Dinna tell me Frunkie wis doon tae dae it.

Frunkie wis doon tae dae it, but he couldna get up tae dae it. I widna care, he'd pit a lot o' work in til't. He wis gain' tae say that if Robbie Burns wis alive the day he wid be up there leadin' the battle against Mrs Thatcher.

Puir Mrs Thatcher. Folk have been sayin' affa things aboot her.

Aye. Vindictive an' evil, Neil Kinnock ca'd her.

I ken. I mean, fitever he thinks, you'd think he wid tone it doon a bit in public.

He had toned it doon a bit. Mind you, Bunty, for the leader of the opposition tae say that aboot the Prime Minister is simply part of the everyday rough an' tumble of our great democra'ic system. It's par for the course.

Oh, I ken. It's fit ye expect. But fit ye dinna expect is fit that mannie Nicholas Queerbairn said aboot her.

Is it nae Fairbairn?

Well, he's some kind o' bairn. An' he's certainly a bittie unusual. Onywye, I think it's shockin' fit he said in the Hoose o' Commons.

Fit wis 'at? I must have missed it.

Well, he said the General Assembly o' the Church o' Scotland wis ha'ein' a do, een o' the mannies that wis at it had ower muckle tae drink, an' he gings up tae Mrs Thatcher an' says he fancies her.

I widna ha'e thocht you wid get that much tae drink at a Church o' Scotland do.

Fit a thing tae say in the Hoose o' Commons. A bloomin' disgrace. Ye widna get that kind o' thing in the Hoose o' Lords. They're gentlemen there. Aye, except for the ladies.

It wis very interestin' seein' the Lords on TV, wis it? But d'ye ken this, Bunty? I had forgotten they were bein' televised, an' I wondered fit it wis fan I switched on an' saw them a' – ken? Supermac an' Mannie Shinwell – an' THEY looked aboot the youngest folk there. But it seemed a nice cheery place an' the seats look comfy, so d'ye ken fit I thocht?

No. Fit?

I thocht I had switched on til a commercial for the Happy Old Age Appeal.

69

'She must be een o' the Oldmeldrum Sports we hear sae much aboot.'

Far's the paper?

Here ye are. Fit d'ye think o' that headline – 'Maggie is snubbed by the dons'?

I didna ken the Dons wis interested in politics. D'ye nae think we'd have heard if Willie Miller an' Jim Leighton had ever been up an' doon the Lang Stracht stuffin' leaflets through the letter boxes?

Nae that kind o' Dons, ye feel gipe. This is the Oxford dons. They refused tae gi'e Mrs Thatcher a degree.

Has she nae got a degree yet? That's aboot as bad as yon boy Inky Ingram in Middlefield Crescent. Coontin' his war service an' his three years oot as a brickie wi' Peter Cameron, he wis seventeen years gettin' through divinity.

For ony sake, Dod. Mrs Thatcher passed a' her exams years ago. This is an honorary *degree.*

Fit hiv ye tae dae tae get een o' them?

Ye hinna tae dae naething. Nae exams or naething. They just gi'e ye it.

That's the kind o' degree I'm lookin' for. Dis Aiberdeen dish them oot? I could maybe sign on as a mature student. Could ye pass the Dolly Mixtures, Bunty?

Here ye are. Alan brocht us these. He kens they're your favourite. It wis affa good o' him. We'll hae tae gie him something special for his birthday, Dod. It's next Friday. I mean, anither fower months an' he'll be wir son-in-law.

A privilege not accorded tae many, Bunty. In fact I widna be surprised if Alan thinks that's enough for this year. He's maybe nae lookin' for a birthday present.

For ony sake, Dod. Dinna be sae mean. Could we jist think aboot Alan for a min'tie. He's 28, good-lookin', a pretty sharp dresser, intelligent, sensitive. Now, fit wid a man like that wint?

Well, of course, the queer thing is he seems tae wint Lorraine.

Dod.

Jist a joke, Bunty. Ye said yersel' he wis intelligent. He kens he's got a good een there. Fit aboot a set o' darts for him?

He disna play darts. He wid jist gi'e them awa' tae somebody.

70

Div ye think so? That settles it, then. I've aye fancied a Jocky Wilson Exo-set.

Come on, Dod. Be serious. Now, he's interested in art.

Art? Hey, I think I've got it, Bunty. We winna gi'e him a present. We'll gi'e him a nicht oot. We'll tak' him an' Lorraine tae the art gallery tae see the Codex Spanner, an' then well ha'e a sophistica'ed supper. At the Wimpy – it's very arty crafty.

The Codex Spanner? Fit's the art gallery daein' ha'ein' a spanner on display? There's naething artistic aboot a spanner. An' fit's a Codex? Sounds like a peel ye tak' for the teethache.

No, no, Bunty. Spanner is the name o' this millionaire mannie that bocht this priceless art treasure an' now he lets art galleries a' ower the world get a shottie o't. Look, it tells ye aboot him in here, in the paper. As you were. It's nae Spanner. It's Hammer – I kent he wis something in the buildin' trade.

An' fit is this priceless art treasure?

Well, it's a manuscript by Leonardo.

Fa?

Leonardo.

Nae the mannie that used tae ha'e the ice-cream shoppie in Great Northern Road?

No, no. That wis Lennardini. Leonardo wis een o' the world's great geniuses. He could dae onything, Leonardo. Write back tae front – onything. It says here he wis yer original Renaissance man.

My Uncle Matt wis een o' them. Fan he wis 22, Granda gi'ed him fifty quid an' a one-way ticket tae Capetown.

Nae remittance man. No, no, Bunty, this is Leonardo da Vinci. He painted the Ave Maria.

That's a song. Fit wye could he paint a song?

Well, I telt ye he wis a genius. But hey! Spikkin' aboot songs, fit wye did we nae think o't afore? We'll send Alan a singin' telegram for his birthday.

Eh? Fit wye div we dae that?

Simple. It wis in the paper. Ye ring up a manse at Oldmeldrum, say fa's birthday it is, an' an alluringly-clad dame visits them, sings happy birthday and gi'es them a bosie.

An' fa's the dame? Is it the minister's wife?

I'm nae sure, Bunty. But if it is, full marks til her. She must be een o' the Oldmeldrum Sports we hear sae much aboot.

71

Overkill

WEARING his army flak jacket, Defence Secretary Michael Heseltine surveyed the scene after the Battle of Molesworth with the confident air of a conquering general.

His opposition — 150 peace protesters, including women and children — were successfully routed from their camp at the RAF base where 64 cruise missiles are to be installed.

'There wis only three an' a half thoosand trained sodgers there, an' they had twa hunder pacifists tae deal wi'.'

Far's the paper?

I'll gi'e ye it in a minute. I'm jist checkin' the TV programmes.

Oh, aye. Tuesday's a good night for you, Bunty. Crossroads, Brookside, Name That Shammydab – ye're quids in.

'At's richt. An' then there's Male Storm. I think it's gain' tae be good.

Nuh. I dinna like travelogues. I'll tell ye, though – eence we get Cable TV, there's aye bound tae be something on that ye like – wi' sixteen channels.

Weel, I hope Dallas is on een o' them. I think it's shockin' the BBC takin' it aff in the middle o' a series. Fan are we gain' tae ken fa murdered Nalgo?

Nae Nalgo, Bunty. Naldo. Nalgo's the trade union for the white collar workers. Frunkie Webster's chum, Andy – he's in Nalgo. Ye ken Andy – he usually wears a black T-shirt.

Fan are we gettin' this sixteen channels that ye're spikkin' aboot?

Well, it'll be a while afore we get them. But the folk in Westhill an' Bieldside'll be gettin' them later this year.

Oh, aye. It's aye the weel-aff folk that gets things first. It's aye the same wi' this Government.

Naething tae dae wi' the Government, Bunty. It's Maitland Mackie. He's layin' the cables now.

Oh, that's fit he dis. I've often wondered. I never realised he wis a cable-layer.

72

He's nae layin' the cables personally, Bunty. He's the chairman o' the company. I mean Michael Heseltine didna personally pit up the barbed wire roon' the Molesworth camp last wik.

Well, I saw a picter o' him in a combat jacket.

That wis a purely protective measure, Bunty.

Protective?

Well, he wis in a lot o' danger. There wis only three an' a half thoosand trained sodgers there, an' they had twa hunder pacifists tae deal wi'. Mark my words, Bunty, the next picter ye see o' Mr Heseltine, he'll be at Buckingham Palace pickin' up his VC.

His Valentine card? The Queen widna gi'e him a . . .

No, no, Bunty, for ony sake. Get a grip on yersel'. I think you're een o' the weemen that's badly in need o' the services of the new outreach worker that the cooncil's women's committee is wintin' tae ha'e.

An outreach worker? Fit's at?

Good grief, Bunty. I thocht a'body kent fit an outreach worker wis. Look, it tells ye in here, in the paper: 'This person would reach women in their own places of work an' enable them tae tak' control of their ain lives'. See, Bunty? That's fit I said. Get a grip on yersel'.

Huh. My place o' work's ower that bloomin' sink. Look at my hands. 'At's the water 'at dis 'at.

Aye. A touch o' dermatitis there, Bunty. The housewife's occupational disease.

Occupational disease? Fit's that?

It's a disease that's caused by the work folk dae. Housemaid's knee's anither een.

Oh, aye. An' consort's arthritis.

Consort's arthritis?

Aye, it's fit the Duke o' Edinburgh got wi' shakin' hands wi' folk. Because that's the main part o' his work, is it? I mean, 'at's a' he dis. Oh, he dis it very weel. I'm nae criticisin' him.

Well, I suppose ye're richt enough, Bunty. Consort's arthritis. Mind you, by definition there canna be a very high incidence o' it. Anither forty years, though, an' Di will maybe ha'e it.

I'll tell ye one thing, Dod. She winna ha'e housemaid's knee. Or dermatitis on her fingers.

Come on, Bunty. Awa' an dae the dishes till I get a look at the paper.

Well, there's nae muckle good news in it.

No, I fear there very rarely is, Bunty. 'At's the wye it wis sae good fan that fower boys got hame fae Libya.

Aye, that bloke Geoff Capes did a great job.

Nae Geoff Capes. Terry Waite.

Oh, Terry Waite. Well, he's some Terry.

Some Terry? He's some weight.

73

... ELEGANTLY STYLED.
(0532) 432455

17p

Thatcher and Kinnock set for next round

PREMIER Mrs Thatcher and Labour Leader Neil Kinnock were squaring up today for another clash in the Commons over the Ponting affair — after 48 hours of writing angry letters to each other.

In her third letter to Mr Kinnock since Tuesday, the Prime Minister again demanded that he withdraw his allegation that he was involved in the decision to prosecute the top civil servant.

Just the

But her latest letter was distinctly more concilia tory than the previous two.

'It wid have been a different story if that boy Ponting had been a good cricketer wi' a suppie cannabis in his hoose.'

Far's the paper?

There's it, look. Under my new handbag. Now keep quiet. I'm tryin' tae write a letter tae Auntie Flo in Oban.

Yer new handbag? Fa said you could get a new handbag?

Look, I wis sair needin' a new handbag. An' I saw that een in Markie's an ...

It must have cost a bomb, that. I dinna ken fit cam' ower ye, Bunty. We canna afford luxuries like 'at.

It's nae a luxury. It's a necessity. My aul' handbag's fa'in' tae bits.

Dinna gi'e's the patter, Bunty. There's a lot o' life in the aul' bag yet. Ye'll ha'e tae tak' that new een back. At least Markie's div tak' things back. Ye can say ye bocht it for somebody else an' it wis the wrang size. Nae problem. Dolly Webster took a frock back tae Markie's last wik.

Nae the een she got for the Urquhart Road street party on the day o' the Royal Weddin'?

No. I dinna think it wis quite as new as that.

Never mind Dolly's frock. This handbag's nae gain' back. I mean, it's a bargain. It wis only eight quid, Well, seven ninety-nine.

Seven ninety-nine? Awa' ye go. I'll bet it wis dearer than that.

Are you ca'in' me a leear? I ask you explicitly tae tak' 'at back.

Tak' it back yersel'. It wis you that bocht it.

Hud yer tongue an' read yer paper. Better still tell me fit tae say tae Auntie Flo. We've been due her a reply for months. I hate writin' letters. I mean Mrs Thatcher an' Neil Kinnock must be feel. There wis ae day last wik – I think it wis Valentine's Day – he wrote three letters tae her an' she wrote fower letters tae him. Seven letters – a' in the same day, an' half o' them through the nicht.

Well a' I can say is deliveries in London must be a lot better than they are up here. D'ye mind twa years ago fan Auntie Flo wrote sayin' she wis comin' tae see us? She wis here an' awa' back tae Oban afore the letter arrived.

I ken. An' fan it did come, you thocht it meant she wis comin' back. I've never seen the colour drain fae onybody's face as quick as yon.

Spikkin' aboot folk's appearance changin', did ye see the photies in the paper o' that boy Tom Baker? Ken? The actor. Fit a change in him since he wis Doctor Who.

Fa?

No, no, Bunty. Nae 'Fa'. 'Who.' Doctor Who.

Oh, Jon Pertwee.

No, no. It wisna Jon Pertwee.

Excuse me. Jon Pertwee wis Doctor Who.

Well, I'm nae arguin' wi' ye.

Ye are so arguin' wi' me. You're sayin' it wis somebody else.

Well, sae it wis. There's been a lot o' Doctor Who's. Jist like there's been a lot o' Tarzans. Johnny Weismuller, Lex Barker, Michael Heseltine – they ca' him Tarzan.

But he hisna got Cheeter for a sidekick.

Well, he's got John Stanley. But I'll tell ye this, Bunty. I'll bet that boy Ponting got a pleasant surprise fan he got aff. It wid have been a different story if he'd been a good cricketer wi' a suppie cannabis in his hoose.

Oh, I ken. It wis Mrs Botham I wis sorry for. It must be terrible the bobbies comin' in an' rakin' through yer hoose. It's nae as if she kent they were comin' an' could dae a bit o' tidyin'.

I thocht it wis a shockin' invasion o' privacy, Bunty. I mind fan I wis eleven my Da found a Woodbine tabby in my box o' cigarette cards. It wis my personal property, that box. I thocht he'd nae business openin' it.

An' div ye think yer Da wis oot tae get ye?

No. There wis nae fags in the hoose an' he wis burstin' for a smoke.

'If he'd said onything fan he wis supposed tae be deid, that would have been terrible actin'.'

Far's the paper?

Wait a minute. I'm still readin' it. Hey, it says here there's an axe hingin' ower the Bon-Accord Baths.

Well, Bunty, if ye ever ging there for a sweem ye'd better wear a crash helmet instead o' yer baithin' cap.

An' I see we're gettin' a marathon in Aiberdeen in July, an' Fergie's entered for it.

Good idea. Good practice for a lang rin in Europe next season.

Fit? Efter Setterday?

A temporary set-back, Bunty. In fact, If ye ask me, the Dons let Celtic win – tae keep the League alive a bittie langer, tae keep the interest goin', ken fit I mean?

If we're spikkin' aboot marathons, fit aboot the World Chess Final? It's been gain' on for months. An' 'at twa Russian boys his packed it in now. They've abandoned it.

Aye, it's been a lang drawn-oot business, 'at. I mind, years ago, my aul' man and my uncle Charlie wis playin' a game o' outdoor draughts in Union Terrace, an' they packed it in afore they were finished.

Wis it a tactical deadlock?

No, no. They had tae get ower tae the Kopper Kettle afore closin' time. It wis half past nine in thae days. I mean, we've a lot tae be thankful for now-adays, Bunty.

Oh, we hiv. Well, Dallas is comin' back for a start. Mind you, I dinna ken far they're goin' tae slot it in. There's that much on iv noo. Coronation Street on Monday and Wednesday, the EastEnders on Tuesday an' Thursday . . .

'At's richt, an' there's a lot o' serials iv noo, is there? Blott o' the Antarctic an' Scott on the Land-scape, an' Terry Wogan at least twice every nicht, an' mair often than that if there's an awards programme.

I'm nae sure if I'm gain' tae like EastEnders. I'll gi'e it a chance, though. I mean, it wis 20 years afore I thocht Coronation Street wis goin' tae catch on. But can you tell me this, Dod? The EastEnders is set in London, richt? Crossroads is in Birmingham an' Coronation Street's in Manchester. Fit wye can Grampian nae dae a soap opera set in Aiberdeen?

Good question, Bunty. Aiberdeen should be a natural settin' for a soap opera. I mean, it wis the home o' Soapy Ogston.

I'll tell ye anither programme I like, Pebble Mill. I saw Charlton Heston bein' interviewed on Pebble Mill last wik.

I used tae like Charlton Heston. D'ye mind him in El Cid? Efter he wis deid they kept him in his armour an' propped him up on his horse tae inspire the sodgers. That wis great actin', that.

Fit wye can ye say it wis great actin'? He never said onything.

Well, he wis supposed tae be deid. If he'd said onything fan he wis supposed tae be deid, that would have been terrible actin'. It widna have been convincin' at a'. But hey – spikkin' aboot inspirational leaders, fit aboot Mrs Thatcher spikkin' tae the American Congress? I wis hearin' that the James Brothers thocht she wis the new sheriff an' gave themsel's up.

It seemed to be a nice place she wis spikkin' in. I didna like the pattern on their carpet, though.

Well, but that's just their taste, Bunty.

Oh, I ken. A'body's different.

I liked it fan they let ye see the folk listenin' til her.

Aye. It wis nice that Mark got tae hear his ma. It made up for him nae gettin' tae Disneyland.

Did ye see Edward Kennedy?

Aye. He looked real soor.

He's aye gain' tae be soor, that bloke. I mean, his trouble is he hisna got the Kennedy magic. He's nae as good-lookin' as Jack, he's nae as clever as Bobby an' he's nae near sic a good singer as Calum.

Aye, it must be terrible for him ha'ein' tae follow somebody like Jack.

'At's richt. Well. Frunkie Webster's little brother Sidney's had tae pit up wi' the same – ha'ein' tae follow a charismatic figure like Frunkie. Well, I mean, it's blighted Sidney's ain career wi' the Shories. An' last Setterday nicht he wis playin' in a darts match at the Bilermakers' an' I wis keepin' the score. Well, Sidney wis playin' weel – he needed double 13 tae finish, an' he heard somebody sayin', 'That's Frunkie's favourite double'. An' that wis it. He jist froze. An' fan he eventually threw his dart . . .

Dinna tell me – he missed a'thing.

Nae quite a'thing. He hit the scorer – richt there in the biddle o' my dose.

77

ack Gaffnie e angie on Scotland's Seville slip

WE'RE STILL ON COURSE, SAYS STEIN

OCK STEIN'S burning
conviction that Scotland
will beat Spain in the

"We're in a good position
it's still looking good for us."

'I dinna think foreigners should get tae ging in for the World Cup.'

Far's the paper?

Ye're nae gettin' it till ye tak' aff yer shoes. Look at the dubs ye've brocht in on them. A peer thing like you – ye must be tired oot cerryin' a' that weight aboot wi' ye.

Sorry, Bunty. I must hiv picked 'at up gain' through Jimmy Duguid's plot.

Oh, ye came hame the short-cut the nicht, did ye? Is 'at the wye ye wis late for yer tea?

Michty me, ye're fairly gettin' the digs in the nicht, Bunty. It's a bloomin' bombardment. Non-stop. I feel like Jim Leighton in Seville.

Yon wis shockin', yon wis it? Throwin' things at the puir goalie. It wis affa sportsmanship, wis it?

Aye. They've nae idea foo tae behave, that Spanish folk.

I ken. I dinna think foreigners should get tae ging in for the World Cup.

I'll tell ye this aboot that match, Bunty. Oor three boys did weel. If they'd got ony help at a' fae the ither eicht, Scotland wid hiv walked it.

Oh, come on, Dod. You jist canna see past Aiberdeen.

It wisna jist me that thocht that, Bunty. Frunkie Webster said exactly the same. Now that canna jist be coincidence.

Oh, it's nae coincidence. It jist means that he's as biased as you.

Biased? That's a shockin' allegation, that, Bunty. Dinna let Frunkie hear you ca'in him biased. He's hid a bad enough wik as it is.

78

Oh?

Aye. Hiv ye been readin' aboot this TV programme that's been banned? Ken? Aboot superstitious surveillance.

Ye mean phone tappin'?

'At's richt. Phone tappin'. A shoddy and despicable practice, Bunty. A sinister erosion of personal liberty. Make no mistake, Bunty, 1984 is here.

Fit d'ye mean, '1984 is here'? 1984's past. It's been an' went. This is 1985. I mean, I ken we didna get wir usual calendar fae Auntie Cath this year, but ye should still ken . . .

For ony sake, Bunty. Fan I said, '1984 is here', I didna mean the year 1984, I meant the book '1984'.

The book '1984'?

Aye. 'Big Brother is watchin' you.' Well Big Brother is nae jist watchin' ye, he's listenin' tae ye as weel. That's fit phone tappin' is. The apparatus of the state tuned intae folk's personal conversations. CND folk. Trade union leaders. Folk like 'at. It's scandalous.

Well, I must say, phone tappin' disna bug me. But Frunkie Webster's annoyed aboot it, is he?

Annoyed? He's spittin' blood, 'cos *his* phone hisna been tapped. He says tae me, 'Dod', he says, 'thirty years I've been a trade union official; I carry in my wallet a beer mat autographed by Tony Benn at the 1973 Labour Party Conference; I demonstrated against the Springboks at Linksfield in 1969 – a' that, an' I hinna hid my phone tapped'. Well Bunty, I must say my first reaction wis tae suggest tae him that gettin' yer phone tapped wis maybe a service reserved for those subscribers who paid their phone bills.

'At's richt. Or maybe MI5 did try tae tap the Webster's phone an' they tuned in tae Dolly tellin' her mither aboot her operation, or gettin' on tae the butcher aboot the gristle in the mince. I mean, yon can be really vicious. Nae even the maist hardened Secret Service man could listen tae that kind o' stuff for lang. Come tae think o't, I widna mind that job. I mean, it's fascinatin' listenin' tae ither folk's conversations. I got a crossed line one mornin' last wik, an' I could hear twa dames spikkin' aboot a dance they'd been at the nicht afore. Ye feel guilty aboot listenin', div ye? But excited at the same time.

Bunty! Ye should've hung up fan ye realised it wis a crossed line.

Well, I did hing up. Maybe nae richt awa', ye ken. But I did hing up.

Fit day did this happen?

It wis – oh – Thursday. 'At's richt, Thursday. The day the tatties wis burnt.

By VIVIENNE NICOLL

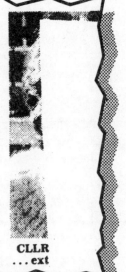

THE convener of Aberdeen's women's committee today claimed her hopes for the future were "absolutely shattered."

Councillor Catherine Nikodem is still reeling after watching Labour colleagues vote to slash her committee's budget by £336,000.

And she maintains it will be virtually impossible for the women's committee to operate with its vastly reduced budget of only £50,000.

The councillor was so annoyed by the Labour budget for the comi...

CLLR ... ext

'Apart fae mysel', Mr Williamson is the only person I ken that thinks 'Game for a Laugh' is better than 'Jewel in the Crown'.'

Far's the paper?

Hiv ye nae read it?

No. I hinna read it.

Oh. That's a peety.

Fit div ye mean, it's a peety? Far is it?

It's doon on the kitchen fleer. I've washed the linoleum, an' I'm nae ha'ein' naebody standin' on it till efter Thursday nicht.

Thursday nicht? Oh, for ony sake Bunty. Jist 'cos Alan's folk are comin'? There's nae need tae ging feel. Mr Williamson said on the phone it's a flyin' visit. They're jist gain' tae look in. The hoose is fine, Bunty.

Look, fan ye get sun like fit we've hid the last few days, it shows up every speck o' dirt. I'm gain' tae ha'e the 'hale hoose cleaned afore the Williamsons come. We canna let Lorraine doon wi' her in-laws.

Richt enough, Bunty. Lorraine's gettin' ratty enough as it is, wi' D-Day approachin'.

I'm pleased tae hear that ye're gettin' the message, Dod. Now this is yer orders for Thursday. One – fan ye come hame at nicht, tak' yer shoes aff afore ye come intae the lobby. Two – if ye must ging intae the kitchen, walk on the newspaper. Three – bide oot o' the sittin' room a' day.

Onything else?

Aye. Afore ye come hame for yer tea mak' sure ye ging tae the toilet at yer work. The bathroom's oot o' bounds till the Williamson's ging awa'.

80

For ony sake, Bunty. It's nae the Queen that's comin'. Or yer Auntie Vi fae Johannesburg wi' a' the money. I think we should let Mr and Mrs Williamson find us as we are.

Fit? Find us as we are? An' blight wir daughter's future? I feel weak at the thocht o't. I think I'll sit doon.

Aye. Ye'd better sit doon the day fan ye've got the chunce. There'll be naewye ye can sit doon on Thursday. An' I mean naewye.

Dod! Dinna be vulgar. I hope there's gain' tae be neen o' that on Thursday. Lorraine'll be mortified.

Bunty, the Williamsons can tak' a joke. I get on fine wi' Mr Williamson, even though he is a bittie toffee kind. I mean there he is – an Edinburgh solicitor, with all that that implies, Bunty – but I'll tell ye this, him an' me's a lot in common. I mean, he's the only person I ken, apart fae mysel', that thinks 'Game for a Laugh' is better than 'Jewel in the Crown'.

The folk that judge the BAFTA awards dinna agree wi' you. Fit dis BAFTA stand for, onywye?

Well, it wis the Borin' An' Fairly Tedious Awards this year, Bunty. Fit a time it went on for. Frunkie Webster reckoned Terry Wogan spun it oot till he was on time and a half.

An' fit aboot the boy in the kilt that helped Anna Neagle doon the stairs? Fa wis he?

I dinna ken his name, but in my book he won the award for the best supportin' flunkey. But it's bloomin' annoyin' nae gettin' a read o' the paper the nicht, Bunty. I mean, I accept that it has been recruited to the service of a noble cause, namely keepin' the kitchen fleer clean, but I could be missin' a lot o' news. I mean, I believe there's anither expedition tae Mount Everest, an' there's a woman on it.

'At's richt.

It's nae Councillor Nickodem, is it? I mean, jist 'cos her budget wis trimmed a bittie there wis nae need for her tae flee awa' in the huff. Mind you, she micht prefer the Yeti tae Cooncillor Robertson – the Abominable Snowman tae the Indomitable No-man.

No, no. It's nae her. But fit's sae special aboot a woman gain' up Everest? There wis a woman in the first lot that climbed it in 1953.

There wis not.

There wis.

Never, Bunty. Ye're haverin'.

Fa wis Hilary Tensing, then?

81

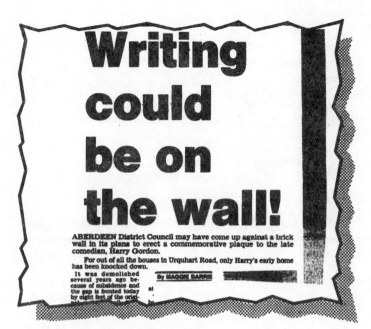

Writing could be on the wall!

ABERDEEN District Council may have come up against a brick wall in its plans to erect a commemorative plaque to the late comedian, Harry Gordon.

For out of all the houses in Urquhart Road, only Harry's early home has been knocked down.

It was demolished several years ago because of subsidence and the gap is fronted today by eight feet of the orig-

By MAGGIE BARRIE

'Fit reasonable man could get on wi' that woman?'

Far's the paper?

I dinna ken. It'll be lyin' aboot somewye.

Lyin' aboot? The nicht's paper? I noticed Setterday's paper wisna left lyin' aboot. No way.

Well, Setterday's paper had Lorraine an' Gary's Mithers' Day message in it. I've cut it oot an' pit it in my scrap book, on the same page as my latest picters o' the Queen an' the Queen Mither. I thocht it gave that page a kind o' theme. Ken fit I mean?

Well, I'll grant ye this, Bunty – you, too, could ha'e the word 'regal' applied tae ye. It's the name o' yer favourite chipper. But unlike the ither twa ladies, Bunty, you hinna muckle chunce o' gettin' a shottie on the new royal train. Did ye read aboot it?

Fit I canna understand, Dod, is fit wye can the government suddenly find seven an' a half million quid tae pey for it?

Och, Nigel Lawson'll ha'e missed oot a naething somewye in his Budget. It's easy deen, Bunty. I mean, it's nae as if Nigel's an accountant. He wis a journalist. So ye canna expect him tae get things richt.

It disna seem an affa efficient system tae me. I'll bet the Russians dae things better.

Well, especially now they've got a heid bummer that's compos mentis. Hey, that reminds me, Bunty. Here's a riddle for ye. Why have I suddenly shot up in the estimation of Frunkie Webster?

Well, fan Frunkie wis spikkin' tae me on Thursday I got the impression that up wis the only wye you could ging in his estimation.

Very amusing, Bunty. No, no. It's because he's found oot I'm exactly the same age as Mr Gorbachev.

82

I didna ken that.

Well, neither did I. An' it wis a bad moment fan Frunkie telt me. I mean, ye really feel aul' fan somebody tells ye ye're the same age as the Russian leader.

I ken the feelin'. I felt the same at the Antique Fair at the Amatola on Sunday. Neen o' the antiques wis as aul' as me.

I'm nae jist the same age as Gorbachev, Bunty. Him an' me wis born on the very same day.

Fit? An' are ye nae ashamed o' yersel'? You an' Gorbachev hiv hid exactly the same amount o' time on this earth. But he's the boss o' a great big country like 'at _ fit hiv you achieved?

Well, I've – I wid need notice o' that question, Bunty.

Awa' ye go. Ye hinna achieved naething. You'll never be like Harry Gordon. You'll never get a plaque pit up tae ye on the wa' o' yer hoose.

Well, neither will Harry Gordon. Naebody kens far the wa' o' his hoose is.

Dinna change the subject. We wis spikkin' aboot your achievements – or lack o' them. I mean, ye've maybe got the same birthday as Gorbachev, but that's a' ye've got in common.

Well, I will admit, Bunty, he's got a stylish and attractive wife.

Dinna be cheeky. I'll tell ye anither thing aboot Gorbachev. Mrs Thatcher says she thinks she's gain' tae get on wi' him.

Well, there ye are, Bunty. He's nae perfect. Fit reasonable man could get on wi' that woman?

I see she's been askin' for a report on a fitba' match.

Dinna tell me she's a fan o' Alastair Guthrie o' the *Evenin' Express*. Fit dis that mak' him?

No, no. It's a report on the Luton-Millwall match – the een far there wis a' the violence.

Yon wis shockin', yon, Bunty. But I'll tell ye, things could've got pretty tricky at Pittodrie last Wednesday. Hunners o' folk locked oot.

Oh, I ken. Hearts supporters comin' a' the wye fae Edinburgh an' nae gettin' in.

I met a couple o' Hearts supporters in the East Neuk afore the match. I got on a'richt wi' them. We cut it a bittie fine, so I took them roon' tae the Beach End, 'cos they didna ken the wye.

Puir blokes. An' were they locked oot?

No. They got in a'richt. But Frunkie Webster wis waitin' for me at the King Street end. An' we were locked oot.

By GAIL McDIARMID

AN ABERDEEN district councillor today stormed out of a meeting after a fellow member started breast-feeding her baby.

And a fu--- M-- Jill

'There's a lot o' good actors nowadays. I like that boy Finetime Fontaine.'

Far's the paper?

Here ye go. They're still on aboot that dame feedin' her bairn at the Committee meetin'.

I dinna ken fit things is comin' til, Bunty. Things is nae fit they wis. Fan I think o' the great names o' oor municipal past – Tommy Mitchell, G. R. Macintosh, Henry Hatch – there's neen o' THEM wid hiv deen onything like 'at.

No, I dinna suppose they wid. But times has changed, Dod. I mean, Cooncillor Nickodem's richt fan she says feedin' a bairn's a natural thing tae dae.

There's plenty ither natural things that folk dae. But they dinna dae them in the middle o' a committee meetin'.

There's nae need for that, now Dod. It's nae a jokin' matter.

Quite right, Bunty. And Cooncillor Wisely wis richt tae ask the chief executive for his advice on the incident. Mind you, I suspect he'll find that the book o' rules is, as they say, silent on the topic o' breast-feedin' in Committee.

I still think it's important.

Of course it is, Bunty. An' it's a matter which transcends party boundaries. Frunkie Webster showed me a Press release he'd written sayin' that him an' Cooncillor Wisely had opposin' poli'ical philosophies an' he'd often been at odds wi' her in the past. But on this occasion he applauded her for standin' firm fan she walked oot, an' on this issue he stood shoulder to shoulder behind 'er.

I never saw that in ony o' the papers.

Well, there wisna ony o' the papers asked him for it. But he wis ready wi' it if they *hid* asked him. He wis ready wi' his views on the Budget an' a'.

Budget? Fit Budget? A bloomin' deid squib.

Or a damp duck, Bunty. But ye're absolutely richt. Things is nae fit they wis. I mind in the aul' days, on the nicht o' the Budget there wis aye a good-goin' argument in the Bilermakers'. I mind the nicht fags went up tae 2/4 for twenty. Fit a nicht 'at wis.

O, I mind that nicht. It wis the first time you gave up smokin'. Watch oot! Ye're droppin' yer ash on the carpet.

But this Budget last wik, Bunty – well, there wis something on tae fags, something on tae beer, something on tae whisky, but a'body just seemed tae accept it. There wis naebody shoutin' the odds aboot it at a'. I mean, last Tuesday nicht, fit wis Frunkie Webster on aboot? He wis on aboot whether the Budget wis expansionary or deflationary. Well, 'at's hardly the stuff o' a good up an' dooner, 'at, Bunty.

Expansionary or deflationary? Fit's the difference?

I dinna ken.

Dis Frunkie?

No. He's nae idea. Which made his examination o' the issue a bittie difficult, an' even mair futile than maist o' the things Frunkie dis. I mean, last wik he wis tryin' tae compare Michael Redgrave as an actor wi' John Wayne. I says til him, 'John Wayne made a good cowboy. But he couldna have made a good Hamlet'.

Couldna mak' a good omelette? I should think John Wayne . . .

Nae omelette, Bunty. Hamlet. Shakespeare.

Fit div you ken aboot Hamlet? The only time you've seen it wis fan Lorraine wis in it fan she wis a student. An' you only saw twenty minutes o' the first act. An' then ye'd tae ging oot. His that excruciatin' stomach pain ever come back?

Look, Bunty, div ye mind? I wis spikkin' aboot the late Sir Michael Redgrave, one of this country's greatest actors. 'The Dam Busters,' 'The Browning Version' – I mean, we had great actors in thae days; Olivier, Gielgud, Richardson. Fa hiv we got noo? Lester Piggot-Smith an' folk like 'at. Things is nae fit they wis.

Och, awa' ye go, Dod. There's a lot o' good actors nowadays. I like that boy Finetime Fontaine that wis in Coronation Street. Ken? He wis Hilda Ogden's lodger. I dinna think Michael Redgrave could've played that part. An' I'm sure John Wayne couldna.

Spikkin' aboot actors, did ye see fit Richard Burton left?

Well, he left Elizabeth Taylor. Twice.

No, no. He left two an' three quarter million quid.

Did he? I niver kent actors made that kind o' money. Or I wid hiv telt Lorraine tae stick in wi' her actin'. She wis very good as the second grave-digger.

'It's one thing bossin' a' body aboot, but interferin' wi' the Scotland-England game...'

Far's the paper?

Here ye are. There's still an affa row gain' on aboot the Scotland-England game bein' switched tae Hampden.

Weel, I'm nae surprised, Bunty. I think it's scandalous. There's a lot o' puir blokes a' booked up tae ging tae Wembley. They'll maybe lose a' their money. Shockin'! I blame Maggie Thatcher. I mean, it's one thing bossin' a'body aboot, but interferin' wi' the Scotland-England game – well, Bunty, there's only so much the folk o' this great country will tolerate. Mind you, it's a peety she didna cancel the Scotland-Wales game last wik.

Well, onywye, Dod, thank goodness you werena gain' tae Wembley. We're hard enough up this wik as it is.

You're tellin' me, Bunty. Anither twelve quid on the TV licence?

Ye dinna grudge that, though, div ye, Dod? I mean, the BBC have got tae get the money fae somewye tae send Barry Norman tae Hollywood for the Oscar ceremony.

Ken this Bunty? There used tae be a time fan I kent the folk that won the Oscars. Spencer Tracy, Henry Fonda. I mean, fa's F. Murray Abraham?

Wis he nae in 'Chariots of Fire'?

No, that wis *Harold* Abrahams. Well, he wisna actually *in* 'Chariots of Fire'. 'Chariots of Fire' wis *aboot* him. An' Eric Liddell.

I liked the music in 'Chariots of Fire'.

Aye. It wis very good. A lot better than the music in F. Murray Abraham's picter, fitever it's ca'd. Well, well, but gettin' back tae the TV licence, the BBC are maybe gain' tae be tryin' ither wyes o' raisin' money.

Coffee mornin's, ye mean? Or raffles?

That kind o' thing. Or a sponsored one-way journey intae Outer Space by James Burke. That wid raise a lot. No, no, Bunty. I'm really spikkin' aboot advertisin' on the BBC.

Oh, I couldna tak' that, Dod. I mean, ye're used tae seein' Alistair Burnett an' Sandy Gall sayin', 'We'll tak' a break', an, then seein' Una Stubbs makin' them a cup o' Nescafe. But nae for Jan Leeming or Sue Lawley. It disna seem richt for them.

I ken fit ye mean, Bunty. An' I'm thinkin' aboot the cricket in the summer. It wid be terrible if they had advertisin' in the middle o' a John Player League match.

Dod, fan I said we wis hard up this wik, I wisna thinkin' o' the TV licence. I wis thinkin' aboot Lorraine's weddin'. I ordered my outfit the day. An' you're needin' a new outfit an' a'.

Fit's wrang wi' my good suit?

Dod, it's ten year aul'. Ye were twa stone lichter fan ye bocht it. I noticed it in the wardrobe on Setterday mornin', an' I nearly ran oot' and backed Mr Snugfit each way in the Grand National.

It's a peety ye didna. Ye micht have won enough tae buy me a new suit. Or at least a button-hole. But fit aboot *your* outfit?

Well, ye ken Lorraine's aye said she widna let me choose it mysel'?

Aye.

Well, wi' the Easter holidays started, she wis able tae ging oot wi' me the day. An' we got material for my outfit. An' 'at's the wye we're hard up this wik. It wis affa dear. But foo often dis yer daughter get married?

Exactly. So foo often are ye gain' tae wear it?

Well, Gary'll be gettin' merried an' a', some day. An' it's only twenty years or so till oor Golden Weddin'. Oh, I'll get a lot o' good oot o't. Lorraine got some nice things for her trousseau the day as weel. We went tae that boutique place in Holburn Street. Pre Nuptia.

Pre Nuptia? Is that the same as Extra-marital?

Dinna be vulgar, Dod. It's a lang time since Lorraine an' me had a day oot thegither. I really enjoyed it. We met Alan at the Art Gallery for a coffee. Fit a shock I got. There's an exhibition on by David Wilkie.

That's nae the swimmer, though, Bunty.

Is it nae? Oh, I thocht he wid be a dab hand at watercolours.

Lorraine's got a'thing under control for the weddin', then? She's aye been a weel-organised craitur.

Oh, aye. The presents are gain' tae be on show fae May 25th. She wints us tae ha'e a few folk in tae see them that nicht.

Sorry, Bunty. Not available.

Nae available? Fit wye nae?

Weel, now 'at the Scotland-England game's been moved tae Hampden, it's a lot cheaper tae ging til't. Frunkie Webster's started organisin' a mini-bus, an' I wis the first tae pit my name doon for it.

window."

The bullock butted cars and shattered a plate glass window at Esslemont and Mackintosh's store, leaving a trail of blood along the pavement.

At one point it stood its ground in the middle of Union Street, frothing at the mouth and eyeing a cluster of onlookers.

Then it charged at the crowd, forcing people to take to their heels.

It made for Castle

and
it sl
winc

"I
beca
linge
for a

Mr
lock
charg
knocl

As
rami
starte
trians
towar

"Its

'Anither theory is that the bull turned left instead o' richt . . . it wis really headin' for Baker's the china shop.'

Far's the paper?

Jist a minute. I'm readin' aboot this Slim into Summer. You should ha'e a go at that, Dod. An' then ye widna need tae get a new suit for the weddin'.

Nae a bad idea, that, Bunty. An' it's for a good cause an' a'.

Aye. Look, it says here – psychological research.

Nae psychological. Ophthalmological.

Fit dis 'at mean?

It means ye're needin' yer eyes seen til, Bunty. Come on, gi'e's the paper. Is there ony beasts rinnin' amok in the Castlegate the nicht?

Yon wis terrible, yon, wis it? An' it's a mercy it wisna a lot worse.

It wis obviously a very high quality animal, Bunty.

Fit d'ye mean?

Well, you'll notice it wisna ony o' yer supermarkets or yer chain stores it tried tae get in til. It wis E an' M's. E an M's have always attracted a superior type of clientele. I reckon if the door had been open that bull could have got in an' mingled unobtrusively wi' the rest o' the customers.

Dinna be feel, Dod. Onywye the door wisna open.

No. Twa o' the boys in the menswear department had locked it. A shrewd move.

Wi' a gless door? The bull saw through it.

It did, Bunty. The bull thocht, 'They're tryin' tae fool me intae thinkin' it's early closin'. But I ken it's nae. I ken it's Friday. The Mart's aye on a Friday.'

Dod!

Of course anither theory is that the bull turned left instead o' richt by mistake comin' oot o' St Nicholas Street. It wis really headin' for Bakers, the china shop.

Dolly Webster wis tellin' me that Frunkie saw the 'hale thing. She said he wis headin' for a symposium in the Adelphi.

Well, he wis meetin' Eddie Mutch for a pint, if ye ca' that a symposium. Puir Frunkie.

Fit's happened til him?

Well, did ye read aboot that boy that wis the Secretary o' the City Labour Party gi'ein' it up an' gain' awa' tae be a minister?

Aye.

Well, that wis a job Frunkie wis affa keen on.

Frunkie? A minister? I didna ken ye could be a minister an' a Marxist at the same time. Nae in the Church o' Scotland. I'm nae sure aboot the Piscie Kirk. No, I dinna think a minister can be a Marxist in the Piscie Kirk either. He can be an agnostic. Or maybe ye've tae be a bishop afore ye get tae be an agnostic. Like this Durham mannie. But ordinary ministers have tae be Christians, like in Scotland. Oh, I dinna ken. It's affa confusin', is it?

Have ye finished, Bunty? Frunkie's nae wintin' tae be a minister. He wis wintin' tae be Secretary o' the City Labour Party. But he didna get it. I thocht I wid ask him oot for a drink tae cheer him up – purely therapeutic, you'll understand.

Oh aye.

So I gave him a ring. But I must have dialled the wrang number or something. An' I heard the queerest conversation. A mannie an' a wifie tellin' een anither the time. I thocht it wis a code. I thocht *oor* phone wis bein' tapped. But d'ye ken fit it wis, Bunty?

Of course I ken fit it wis. Ye'd dialled the spikkin' clock.

Richt first time.

An' last Tuesday mornin' the wifie that's been deen it for twenty years retired.

Spot on, Bunty.

An' a new mannie took ower.

Correct.

At eleven o'clock . . .

Precisely.

Princess's SS dad cover-up denied

'The only weight Alec'll lose is if he shaves aff his goatee.'

Far's the paper?

Ye hinna time tae read the paper. I'm wintin' ye tae help me wi' the weddin' invitations the nicht.

Aw, for ony sake, Bunty. Can ye nae dae them yersel'?

No. I'm a terrible writer. An' you've aye telt me you wis the best writer at Hilton School fan ye wis a loon.

Nae *at* Hilton School, Bunty. *On* Hilton School. Graffiti. Lang afore it wis ever heard o'. I mean, I wis an innovator fan I wis a loon.

I thocht ye wis a Lifeboy. Onywye get a pen. Ye've only tae write in the name. A'thing else is printed on. Look – nice, are they?

Very nice, Bunty. Mind you, it'll ging against the grain tellin' yer Auntie Cath that we're requestin' the pleasure o' her company. Cath's company's never gi'en naebody nae pleasure. Certainly nae me. An' certainly nae Uncle Sid fan he wis alive. I still think we should have left Cath oot fan we wis trimmin' the list.

Och, she maybe winna come, seein' it's on a Setterday. She disna like missin' her wrestlin'.

No. Well, she identifies wi' Giant Haystacks.

An' Lorraine an' Alan should get a good gift fae her. I mean, she's plenty siller, Dod. Uncle Sid left thoosands.

Aye, an' there's money on *her* side as weel, of course. She's a Henderson, mind. Her folk had the sweetie shoppie at Kittybrewster jist efter the war. In atween the Mart an' the Astoria. It wis a bloomin' gold mine.

'At's richt. But far did Uncle Sid mak' a' his money? It wis aye a bit o' a mystery.

Aye. He kept very quiet aboot it. I think he wis a bit o' a crook. He wis aye an affa swick fan he played rummy.

Oh, g'wa', Dod. He maybe won the pools an' pit a cross for nae publicity.

Like 'at Aiberdeen boy that won ninety-five thoosand. Very wise 'at. I aye dae 'at, I aye pit a cross for nae publicity.

That's the only thing you ever pit in the richt place. I mean, if ye must throw awa' yer money, at least dae it for a good cause. Sponsor Alec Sutherland in his Slim intae Summer.

Well, I widna lose ony money that wye, Bunty. The wifie doon the stairs fae Frunkie Webster's nephew's got a sister 'at works in the canteen at Grampian, an' she's seen the size o' the snack that Alec tak's atween his elevenses an' his denner. She says the only weight Alec'll lose is if he shaves aff his goatee.

Fit wis 'at last wik aboot BBC piratin' a Grampian programme?

It wisna exactly a Grampian programme, Bunty. It wis on Grampian, but it wis TV-AM. An interview wi' Princess fit d'ye ca' 'er.

Di? Afore she went awa' tae Italy? Did ye see foo much she spent on her claes for the trip? Seventy-five thoosand it said somewye.

'At disna leave muckle for Charles's holiday wardrobe, dis it? He'll be lucky if he's got a new pair o' khaki shorts.

Lorraine wis sayin' Alan's bocht shorts for their honeymoon. They must be gain' somewye exotic. Like Tracy Birnie. She's jist back fae her honeymoon in Ibiza.

I wis gain' tae ask ye aboot her, Bunty. I saw her weddin' photie in the paper. It said, 'Tracy Birnie, of so-'an-so, Aiberdeen, an' Victor somebody or ither *of the same address*'. Now, fit's been the set-up there, Bunty?

Well, it'll be a tenement.

In Airyhall Crescent? But wait a minute, Bunty. Ye've got us awa' on the wrang track. It wisna Princess Di I wis spikkin' aboot. It wis Princess Michael of Kent.

Funny name for a princess, is it? Michael. There must have been something fishy aboot her faither tae gi'e her a name like that. I mean, I dinna ken aboot him bein' in the SS, but he wis certainly a male chauvinist if he'd a wee girlie an' he ca'd her Michael.

I've got a fellow feelin' for Princess Michael, Bunty.

Fit wye?

Well my aul' man dee'd fan I wis three. An' years later I discovered he'd been a Rangers supporter.

'The Cooncil are nae gain' tae crawl aboot the Copie Arcade...'

Far's the paper?

There it is ower there. Tiddles is sittin' on't.

Tiddles! Get aff that paper. Or I'll tak' ye back tae the Copie Arcade far we got ye. An' a bogey man'll catch ye and neuter ye.

Dod, dinna spik til him like 'at. You widna like it.

Fit? Bein' neutered? You widna be ower happy aboot 'at either, Bunty.

Dod! Dinna be vulgar. I meant you widna like bein' spoken til like that.

He kens it's a joke. Div'n't ye, Tiddles? Laugh, you stupid brute. No, no, Bunty, I wid never tak' him back tae the Copie Arcade. I mean, did ye read 'at bit in the paper last wik aboot the colony o' cats livin' rough in the Copie Arcade? Mind you, it wis aye pretty rough in the Arcade. They're gain' tae be rounded up, neutered and pit back again.

Fa's gain' tae dae that tae them?

The Cooncil.

Dinna be feel, Dod. The Cooncil are nae gain' tae crawl aboot the Copie Arcade lookin' for cats tae neuter. I mean, it's nae as if Ken Watmough wis still a cooncillor – he could ha'e supplied a bittie lemon sole for bait.

Nae the cooncillors themselves, ye feel. They winna chase the cats. To quote Councillor Adams, there will be an official cat castrator. Someone practised in the art.

Practised?

Well, he'll have had the odd dress rehearsal.

An' is the Cooncil in favour o' roundin' up the cats?

No, no. The cats dinna ken this, but they have a champion in Councillor Gallacher. He thinks the Cooncil should let them bide far they are – 'leave them tae paddle their ain canoe', he said, betraying, if ye ask me Bunty, a somewhat exaggerated view of feline navigational skills.

Eh?

Well, have you ever seen a cat paddlin' a canoe?

No. Nae in the Copie Arcade onywye. Ken 'is, Dod? I'd forgotten aboot the Arcade. It wis great, wis it?

Fantastic. See this carpets I'm wearin', Bunty? I got them in the Copie Arcade, 1955.

£19.55? For a pair o' foosty-lookin' things like 'at?

No, no. That wisna the price. That wis fan I bocht them. 1955.

Look at them. Maist o' the fur's aff them. They're mangy. If ye took them back tae the Copie Arcade they'd be rounded up and neutered. Or pit doon, mair likely.

Very amusin', Bunty. Very caustic. Ye sound like Mrs Thatcher spikkin' aboot the trade unions tae her chums in take-away land.

'At wis an affa hoast she hid on Setterday. Did ye see her? I wis sorry for her.

Ye were mair sorry for her than ye were for me. Fit aboot the hoast I hid fan I got back fae Tynecastle?

It wis yer ain fault. Roarin' an' singin' in the bus a' the wye hame.

Nae a' the wye. Only efter we'd had the short stop at Forfar.

Hey, fit aboot that Dundee United boy gi'en' Willie Miller a kiss? Is 'at the new policy? Get the players tae set a good example tae the fans, an' that wye ye cut doon the violence on the terracin'. Good idea.

Well, ye ken they're spikkin' aboot penalisin' clubs for crowd trouble. 'At's pit the wind up a lot o' folk, Bunty. I mean, that's the wye at the Aiberdeen Licensed Clubs' Dominoes Championship at the Bilermakers' last wik I wis asked tae help wi' the crowd control.

I still dinna ken fit wye it wis efter 12 o'clock afore ye got hame.

Well, I fell in wi' this boy that works part-time at the Carnival – at Codona's. An' he wis tellin' me they had Gerry Malone doon there last wik.

'At's richt. I saw his picter in the paper. He wis on the Waltzers.

Aye, there's a Bill gain' through Parliament that could close Codona's, an' Gerry's very keen tae stop it.

So's he can save a valuable asset for the city?

Nae sae much that. He jist likes gain' on the Waltzers.

Spikkin' aboot joy rides, 'at wis a great trip Mrs Thatcher hid, wis it? One day she was in Malaysia, the next day she wis in Singapore, then Indonesia, Sri Lanka, India. 'At's the kind o' holiday I wid like this year, Dod.

Fit d'ye mean?

Jist days here an' there.

93

ABERDEEN 1

Miller (61 min.)

CELTIC 1

■ Alex Mc

Aitken (pen. 40 min.)

ABERDEEN'S very own captain Marvel Willie Miller gave the Dons their second successive championship today.

It looked as though the champagne would have to remain on ice after Roy Aitken hammered home a soft first half penalty to keep Celtic in the title hunt.

But never-say-die Miller responded with a glory header which keeps the title at Pittodrie.

Don't try telling the Dons players or the Red Army they

'Ye dinna need an electrified fence fan ye've got an electrifyin' team.'

Far's the paper?

Here ye are. An' I've brocht ye a cup o' tea an' een o' my hamemade chocolate crispies. Dinna say I'm nae good tae ye.

Thanks very much, Bunty. I'm gaspin' for a cup o' tea. I'm connached. I'd tae ging up the stairs in the bus. They're real steep, that stairs on the bus. I'm tellin' ye, fit wi' that an' hearin' that Ringo Starr's gain' tae be a granda', I'm really beginnin' tae feel my age.

For ony sake, Dod. Feel yer age? That boy Chris Bonington's jist climbed Mount Everest.

Aw, he's a lot younger than me, Bunty.

He's fifty. He's jist aboot as aul' as you. An' look at aul' Charlie Gill.

Aul' Charlie Gill?

Aye. Frank Gill's aul' man. He wis rinnin' in the Dundee Marathon. An' he must be over seventy.

Aul' Charlie Gill rinnin' in the Dundee Marathon? Fa telt ye that?

It wis on the TV. It telt ye on Grampian. It said Frank Gill's faither wis tae be rinnin' in the Dundee Marathon.

Nae Frank Gill's faither. Frank Gilfeather.

Oh, Frank Gilfeather. Well, he's maybe nae as aul' as Frank Gill's faither – but at least he wis oot gettin' some exercise. Fit exercise div you get?

Well, I've got my snooker. 'At wis exhaustin' watchin' 'at final on Sunday nicht. An' I've got my fitba'. It's a lang walk tae Pittodrie fae the Bilermakers'. I mean, Frank Gilfeather gings tae Pittodrie in his car. An' sae dis Frank Gill's faither, come tae think o't.

Aul' Charlie Gill? In Frank Gilfeather's car? I didna ken he knew Frank Gilfeather.

No, no. Aul' Charlie Gill gings tae Pittodrie in his AIN car. He wis there on Setterday. He wis sittin' alang fae us.

He's aye been a keen Dons' supporter.

Keen? I'll say he's keen, Bunty. Fan the ref gave Celtic that penalty aul' Charlie jist aboot had a Jamaica. He wid have been ower that dyke an' on tae the pitch if the boy aside him hidna telt him it wis electrified. So he bade in his seat. He said he didna want tae risk his Pringle sweater.

Div ye think they'll ever ha'e an electrified fence at Pittodrie?

No. Ye dinna need an electrified fence fan ye've got an electrifyin' team. I mean, in my book it wis 1-0 Aiberdeen on Setterday. That penalty that Celtic got wis nae mair a penalty than flee in the ...

Ach, I'm fed up hearin' aboot that penalty. Ye've deen naething but complain aboot it since ye got hame fae Pittodrie at half past twelve on Setterday nicht.

Well. Bloomin' disgrace.

It sounds as if it's the Hoose o' Commons they're needin' an electrified fence in, Dod. There seems tae be mair hooligans in there than there's at the fitba'. Fancy keepin' David Owen oot o' his seat. Wis it really the Labour boys?

Aye. They had a rota, ye see. They a' went oot tae vote, but they aye left somebody there tae sit in his seat. Terrific organisation.

That's the wye I wondered if it really wis the Labour boys that kept him oot. It's nae like the Labour Party tae be that weel organised. Well, ye ken fit it's like in oor ward. There wis supposed tae be a coffee mornin' last wik, but naebody telt me. An' I aye dae some bakin' for them.

There's naething wrang wi' their organisation, Bunty. They jist dinna wint ony o' yer bakin'. There wis complaints efter the last een that yer chocolate crispies wis saft. An' Bob Hughes had affa heartburn.

Saft? My chocolate crispies? That een you're eatin' noo. Is it saft?

Aye.

Foo saft is it?

Very saft. I cannot think o' onything safter. As you were – it's nae near as saft as the penalty Celtic got on Setterday.

THE END OF EUROPE'S DARKEST HOURS

There were no words that could describe it. Six long years, of waiting, worry, sadness and loss, were ended. As the news sank in, the whole country went wild. The group on the right, outside Aberdeen's town house was only one of thousands overjoyed by the news.

'I just wish I hidna been pittin' dubbin on my fitba' beets at the time.'

Far's the paper?

Here ye go. Puir Mrs Thatcher's ha'ein' a bad time, is she, Dod? It says here the Bonn Summit has been a fiasco. The Japs is nae playin' the game. Peter Walker's stabbed her in the back. The Tories hiv lost control o' umpteen counties in England.

Ah, but Selwyn Gumbile says that's a very creditable performance. That should cheer her up, Bunty. And onywye, Mrs Thatcher's been at it lang enough tae ken that ye win some an' ye lose some. Look at Churchill. He lost a few in his time.

But he'd a big win forty year ago. An' it's a' ower the papers again this wik. An' programmes on the TV sayin' fit a great leader he wis.

VE Day, eh? It's hard tae think it wis forty year ago. I mind fan the news cam' through my mither opened the wik's ration o' jam an' gi'ed me a big jeely piece tae celebrate. I jist wish I hidna been pittin' dubbin on my fitba' beets at the time.

I canna mind much aboot VE Day. Of course I wis younger than you – in thae days.

Yes, I recall I had just completed my formal education.

Ye mean ye'd jist been kicked oot o' Hilton School? Fit wis that for, again?

I had a bit o' bad luck. The Hilton heidie wis rummagin' in Low's second-hand book shop in the New Market fan he cam' across a number o' education authority books, a' bearin' my name.

Fit wye hid they got there?

I had selt them. The day efter the big blitz in April, 1943, Billy Cattanach came tae the school wi' nae books. They'd been lost in the bombin'. An' I telt the teacher the same thing had happened tae mine.

'At's shockin', 'at. I'm ashamed o' ye, Dod.

That's fit war dis tae a man, Bunty.

D'ye ken this, Dod? I'm nae sure if we should be celebratin' VE Day. I mean, it wis a lang time ago. We're freen's wi' the Germans noo.

Quite right, Bunty. I mean, it's nae like yer mither an' the wifie Sutherland up the stair. *They* started fechtin' in 1939 an' they're still fechtin'.

Aye. Well they're baith eighty-two. It's the fechtin' that keeps them gain'. If it shows ony signs o' flaggin', me an' aul' Mrs Sutherland's daughter stirs it up. Well, it gi'es the aul' bodies an interest. It's better than watchin' TV a' the time.

Aye. Mind you, there maybe winna be ony programmes tae watch next year, Bunty. Nae on the BBC onywye. A' wir licence money's went on legal fees. Did ye read aboot that libel action?

Aye. Esther Rantzen bit aff mair than she could chew there.

Well, fit div ye expect wi' teeth like 'at?

Of course the BBC lost anither legal battle last wik.

Aye. Calum Kennedy wisna pleased 'cos the BBC wis makin' a mockery o' Highland culture.

Ye mean the Mod? Dinna tell me they were suggestin' that the odd bit o' tipplin' goes on. Did ye see there wis a witness at an industrial tribunal last wik said that 'at the Mod a'body's on a high an' it's difficult to say who is drunk an' who is sober'.

Particularly if ye're drunk yersel', which a lot o' them are. But I can understand fit she's gettin' at, Bunty. The atmosphere at the Mod gets highly-charged sometimes. It can get pretty tense. Last year on the TV I saw the final of the unaccompanied soprano dirge competition. It wis unbearable.

The suspense?

No, the singin'.

Fit div you ken aboot it? You dinna ken high-class singin' fan ye hear it. Look at the Eurovision Song Contest on Setterday . . .

You're nae suggestin' it's got the same glamour and pizzazz as the Mod, Bunty.

. . . you said it wis a toss-up atween Cyprus an' Belgium.

Ach, I wisna really concentratin', Bunty. As I watched the drama of the votes comin' in, I was reflectin' that at Tynecastle that afternoon, even without Willie Miller, the Dons had got deux points.

FLOP AT POLLS ANGERS TOP TORY

'*Fan I wis at Hilton onybody on the staff wis dangerous.*'

Far's the paper?

Here ye are. Naething very excitin' in it the nicht, Dod.

No. An' of course there should be. This is the wik we should be gettin' the build-up tae the Cup Final. I'm tellin' ye, Bunty, I'm nae sure fit withdrawal symptoms is, but I've certainly got them. I mean, the Dons is aye in the Cup Final. As far as I'm concerned, it's jist a regular part o' the fixture list every year.

Richt enough Dod. Look at my kitchen calendar: 'May 18th – Dod in Glesca'. I wrote that up at the beginnin' o' the year. An' now ye winna be there. Ye'll be sloppin' aboot the hoose gettin' in below my feet.

Ach, I'll maybe ging tae Glesca onywye. Wir hotel's booked. Efter last year's final Frunkie Webster booked it again for this year, an' they winna tak' a cancellation. So we've got three rooms tae pey for onywye.

Three rooms?

Aye. Well, there's aye seventeen o' us ging tae the final. So we need three rooms. In 1982 we tried it wi' twa rooms. But it wis ower crowded. We need three. Twa sixes an' a five. We draw lots on the wye doon in the minibus, an' if ye're lucky ye get intae the five. Unless Frunkie's een o' the five. Then ye're nae lucky, 'cos he's an affa snorer.

Frunkie hidna got much sleep on Thursday nicht, efter the Cattofield bye-election. Bad news for Labour, that, eh?

Aye. An' of course Frunkie had been advisin' a'body in Cattofield that the Tory candidate wis the danger man.

Fit? The boy that said himsel' he wis only a paper candidate?

Aye. An' I widna mind, but I'd warned Frunkie aboot that Olive Rutherford. I telt him she wis the dangerous een. I says tae Frunkie, 'Look Frunkie', I says, 'she's on the staff o' Hilton School'. I ken she's the librarian, but fan I wis at Hilton School onybody on the staff wis dangerous. Cleaners, dinner ladies, a'body. Ye kept oot o' their road. Little Stevie Gillanders got an affa clout on the lug fae the Bible teacher.

Well, it did him a lot o' good. He's a minister noo. Did I tell ye I saw Stevie last wik? Comin' oot o' the ABC Cinema. He'd been in tae see Amma Juice.

Nae Amma Juice, Bunty. Amma-day-us. Stevie wis aye keen on music. Twelfth Street Rag wis his favourite. But he liked some o' the posh stuff an' a'. Ken? Dream of Olwen. Stuff like 'at.

The Gillanders wis a very musical femily. Stevie's brither Norman formed his ain dance band. He'll maybe get a railway engine ca'd efter him. Like Jimmy Shand.

Aye. 'At wis good, wis it, Bunty? I wis affa pleased tae see Jimmy gettin' some recognition.

Aye. Like Dennis Thatcher. Seventy last wik. It wis good tae see him gettin' the limelight for a change. Did ye see the picter o' him an' Maggie dancin' at Perth?

Frunkie Webster saw that picter. He said seein' Dennis Thatcher wis a great comfort tae merried men a'wye.

Fit wye? 'Cos he's still pretty swack at seventy?

No. 'Cos seein' him reminds ye there's aye somebody worse aff than yersel'.

Frunkie'd better nae let Dolly hear him sayin' that.

No, that's richt, Bunty. He's ha'ein' enough trouble wi' Dolly as it is. She's priggin' at him tae get himsel' selected as the Labour candidate in the next District Cooncil bye-election.

Well, of course, he's an experienced campaigner. Fit year wis it that he wis the Labour candidate for Rubislaw?

I canna mind, Bunty. It's a while ago.

Wid ye hiv said Frunkie wis a paper candidate at that election?

Oh, no, Bunty. He wis naething like as strong as a paper candidate. Nae efter his eve-of-poll speech. I can hear him noo. 'I will not rest,' says Frunkie, 'till every hoose in Rubislaw Den has an inside toilet'.

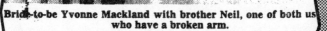

Bride-to-be Yvonne Mackland with brother Neil, one of both us
who have a broken arm.

Wedding hitch is treble break-up!

CHURCH ushers Neil Mackland and Tony Brown will be coping with the guests at an Aberdeen wedding singlehandedly tomorrow.

For between them they have three broken arms!

Bride-to-be Neil's sister

Park Circle, Aberdeen, fell as he dashed across the road to a chip shop on his wa successi meeting and got h on both a

And To Southe

RACING (1aa0

'It's changed days if Gordon gets ony ideas fae John Inman.'

Far's the paper?

Ye hinna time tae read the paper. Tak' that plate o' sandwiches through tae the front room. An' nae pinchin' ony o' them.

I winna pinch ony o' them. They're a' tuna. Fit wye did ye mak' them tuna, Bunty? I dinna like tuna.

'At's the wye I made them tuna. We've fifteen folk comin' the nicht. I ken fit you're like. If the sandwiches wis something you funcied half the visitors widna get een. Hurry up an' tak' them through. An' then come back for the sponge and the Bandits.

Fit wye hiv I tae dae a' this hard work? Far's Lorraine? It's her presents the folk are comin' tae see.

Lorraine's got her EIS meetin' the nicht. But it's a'richt, Dod. She's sure she'll be hame afore the first folk arrive.

She winna be hame afore Ethel Chalmers arrives. She's aye early fan there's ony free scoff on the go. Fa else is comin' the nicht?

Well, there's seven o' my bowlin' ladies. They're comin' straight fae their match at the Stewart Park.

Well, I'm warnin' ye, Bunty. That's a roaster o' a fire in the front room. If they tak' aff their white cardigans we're gain' tae ha'e an affa job sortin' them oot fan they wint tae ging hame.

An' some o' Lorraine's chums'll be here, Sandra, an' Judy – an' Judy's boyfriend's comin', efter his cricket practice. He plays for the Grampian TV team.

Is 'at the team 'at wis a' oot for five last wik?

'At's richt. Is 'at bad?

Well, it's nae great, Bunty. But there's been worse. I mind fan I played for the 45th BB, we pit the 28th oot for three. We were very unlucky tae lose that game.

Lose?

Aye. That wis the year we beat them 9-7 at fitba' an' they beat us 3-1 at cricket. An' the snooker wis abandoned as a draw efter a punch-up at Burroughes an' Watts.

An' fit wye were ye unlucky tae lose the cricket?

Well, Bunty, as I recall, oor best bowler wisna playin'. No! I tell a lie – it wis *their* best bowler that wisna playin'.

Look, 'at's a' past history. Stop wastin' time. Get 'at stuff through tae the front room. An' tak' yer fingers oot o' that dairy cream sponge.

Just testing, Bunty. It's still affa caul', this sponge. An' it's as hard as a brick. Are ye sure ye took it oot o' the freezer in time?

'Course I'm sure. I've timed it tae be spot on fan folk are ha'ein' their second cup o' tea.

Very good. Mind you, Bunty, ye canna be sure things'll ging accordin' tae schedule. Nae at a viewin' o' presents. Yer boolin' wifies are gain' tae tak' a lang time tae look at a' that presents. It's some show through there. An' hardly ony duplicates so far.

Oh, aye. They've been very lucky.

Aye, an' there's still some tae come.

'At's richt. They hinna had a present fae Wendy an' Gordon yet. I met Gordon this efterneen. He's gain' tae Debenhams on Thursday tae see if he can get ony ideas fae John Inman.

Well, it's changed days if Gordon gets ony ideas fae John Inman.

I'm pleased Gordon's gain' tae be an usher. He's a richt good-lookin' bloke, is he?

Aye. An' wi' ony luck he'll keep fit till efter the weddin'. Nae like that weddin' far the twa ushers had three broken airms atween them. Did ye read aboot it?

Aye. It wis affa that, wis it?

It reminded me o' wir ain weddin', Bunty. Mind? Your cousin Norman an' that boy Rory that wis in the Army wi' me wis oor ushers.

But they'd nae broken airms.

Oh, their airms wis a'richt, Bunty. It wis their ither limbs that wis the problem. A' through the reception the pair o' them were absolutely legless.

'Wiks o' preparation, an' then one day an' the 'hale thing's ower.'

Far's the paper?

There's it, in below the new phone book wi' the picter o' Union Street on the front.

Union Street on the front? Oh, very cheery. British Telecom's lookin' up already. Hey! Look at this picter. D'ye see that bloke standin' ootside the Clydesdale Bank? Waitin' tae cross the road. That's Frunkie Webster.

Ye canna tell. It's ower little.

No. I'm sure that's Frunkie. Look at the time on the Toon Hoose clock. Twenty tae eleven. That's aboot the time Frunkie gings for his denner. He'll be headin' for La Lombarda. He likes a bittie lasagne. It mak's a change fae fit he gets at hame. It's aye mince he gets fae Dolly. He wis sayin' he wis lookin' forward tae gettin' some good scoff at the weddin' on Setterday.

Oh me, Dod! The weddin'. I should'na be sittin' here. I should be daein' something. It's terrible, is it? Wiks o' preparation, an' then one day an' the 'hale thing's ower. Alan an' Lorraine are keepin' calm, but I'm jist up tae high doh. An' I'm sure I'm gain' tae look terrible.

Fit? In yer new outfit? Made tae measure?

Weel, 'at's the trouble. I wis bankin' on my Slim intae Summer campaign bein' a lot mair successful than it's turned oot tae be. I telt the dressmaker I wid be a different size at the weddin'.

Weel, ye were richt, Bunty. Ye're gain' tae be bigger. Niver mind, ye'll jist ha'e tae hope that folk's attention is diverted by yer Lily of the Valley corsage. But dinna sit next tae yer mither in the kirk. Ye ken fit her hay fever's like in June.

Are you a' organised aboot yer ain flooer, Dod? Can I leave that tae you?

Bunty, nae only am I organised, it's nae gain' tae cost us ony money.

Fit wye?

Well, Frunkie Webster's got this mate that works wi' the Links an' Parks. As you were, Leisure an' Recreation. An' he's promised us twa top class buttonholes for the weddin'. Oot o' the Wintergardens at the Duthie Park.

But can ye rely on him, Dod? He winna welch on ye?

102

Welch, Bunty? In Leisure an' Recreation they don't know the meanin' o' the word. Onywye, Frunkie'll keep his mate up tae scratch. He's sworn tae turn up at the weddin' lookin' smerter than the best man.

Colin? Puir Colin'll never look very smert. He's got affa funny hair. Like Archie McPherson.

Did ye see Archie bein' installed as Rector o' Edinburgh University? I mean, fit's the world comin' til? Gladstone wis eence Rector o' Edinburgh University. An' then later on, Churchill.

Well, they certainly baith kent mair aboot politics than Archie.

They baith kent mair aboot fitba' than Archie. Onywye, this boy Colin, the best man – did ye ken he wis high up in the Young Conservatives? Alan introduced him tae me an' Frunkie on Setterday, an' five minutes later Frunkie an' Colin wis ha'ein' a richt shoutin' match.

I didna think Colin wis affa richt wing. He telt me he wis a wet.

That's fit I thocht fan I met him. Fan he shook hands wi' me.

No, no. He's a Tory wet. He supports Francis Pym. Ken? The Conservative Centre Forward mannie.

Centre Forward? That's typical o' the Tories, that. They're livin' in the past. There's nae sic a thing as a centre forward nowadays. They're ca'd strikers now. Mind you, I suppose a bunch o' Tories widna ca' themsel's strikers. Onywye it looks as if the 'hale thing wis bungled.

I ken. The papers say it's been an own goal.

It must be the first own goal ever scored by a centre forward.

I'll bet Mrs Thatcher's nae pleased wi' Francis Pym.

'At's richt, Bunty. It's usually Neil Kinnock or Ken Livingstone or some o' that lot that's at the top o' her hate list, but I should think, at the moment, Pym's No. 1.

Aye, he wid fairly tak' the prize iv noo. Hey, Dod – there's somethin' been botherin' me aboot this free buttonholes you an' Frunkie are gettin'. Did ye say they were prizewinners?

Well, I didna, but they are. They won a prize at the Chelsea Flooer Show.

Well, wid ye mind nae duncin' wi' me at the weddin'.

Fit wye?

Well, look fit it says in the paper: 'At the Chelsea Flooer Show Aiberdeen's Department of Leisure and Recreation won the gold medal for cacti'.

CABARET NIGHT WITH

BERNARD MANNING

"If you are easily offended this show is not for you"
TO-NIGHT 7.30-11 p.m.
Including Cabaret
Advance tickets **£3.00** from the
Other Record Shop and Ritzy.

Ritzy BRIDGE PLACE, ABERDEEN,
TEL. 581135

'I have tae admit, Bunty, I wis disappinted wi' Frunkie.'

Far's the paper?

Ye're nae gettin' it. I'm pressin' it atween twa volumes o' the Children's Encyclopaedia tae tak' the creases oot. It's got Lorraine an' Alan's weddin' photie in it. Look, I'll let ye see. But dinna touch it. Fit d'ye think?

I'll tell ye fit I think. We started gettin' 'at Children's Encyclopaedia fan Lorraine went tae the school. Noo she's married an' awa' an' we're still peyin' it up.

No, no. Fit div ye think aboot the photie? She's lovely. Happy the bride the sun shines on.

Aye, Bunty, Setterday wis a great day.

Sunday wisna sae great, though. It wis you that asked a' that folk back here on Setterday nicht. An' fit help were ye wi' the clearin' up on Sunday? Neen.

Oh, Bunty. Ye ken I wid've helped ye if I'd been able til. But I wis really sufferin' on Sunday. A' day.

Well, ye should never have gone in for the Evening Express *Jog Walk. I mean, the day efter the weddin'. Ye're richt feel sometimes. An' you took a lot oot o' yersel' at the weddin', Dod. Dancin' wi' a' the young things.*

An' you took a lot oot o' yersel' at the weddin', Dod. Dancin' wi' a' the young things.

Ach, the lassies were pleased tae get a good dance. I mean the young lads nowadays canna dance at a'. An' did ye see me daein' a bit o' modified breakdancin' wi' Alan's mither? She said it wis the best St Bernard's Waltz she'd ever deen.

She wis a good sport, Mrs Williamson. An' I got on affa weel wi Mr Williamson. He said Lorraine wis a lovely bride, an' he said she looked very like me.

Fair play, Bunty. These twa statements were separated by nearly ten hours an' mair than ten Glenfiddichs.

Fit a relief a' thing went aff a' richt on Setterday. I wis 'at worried 'at something wid ging wrang or somebody wid let us doon.

Oh ye of little faith, Bunty. Fa wid let us doon?

Weel, jist aboot onybody on your side could've let us doon.

Never, Bunty. Last wik, a few days afore the weddin', I went roon' maist o' them, an' I says, 'Now it's a happy occasion. Jist come alang an' be yersel's'.

For ony sake, Dod! If I'd kent ye'd telt them that! Thank goodness they didna listen tae ye. They were a' smashin'. In fact the only person that let us doon wis Tracy Birnie.

I ken fit ye mean. Tracy wis an affa ticket.

Of course that wis her weddin' dress cut doon that she wis wearin'.

Cut doon? Cut up, Bunty. There wis hardly onything left o' the front o't.

An' her sittin' richt in front o' Alan's faither at the reception. Of course Mr Williamson's above that kind o' thing.

I dinna ken aboot him bein' above it, but he wis certainly lookin' doon on it.

Fit a nerve Tracy had wearin' white. It wisna appropriate for her tae wear white at Lorraine's weddin'.

Fae fit I hear, it wisna appropriate for Tracy tae wear white at her ain weddin'.

But apart fae Tracy, I thocht it wis a very well-dressed weddin'. Did you, Dod?

Oh, aye. Though I must say I've never liked Auntie Cath's tartan plaidie an' picture hat. I telt her that at Uncle Sid's funeral.

Sid wid have enjoyed the weddin'. He'd aye a soft spot for Lorraine.

'At's richt. Fan she wis a wee quinie Sid telt her he wid propose her health fan she got married.

Well, he wid have made a better job o't than Frunkie Webster.

Aye, I have tae admit, Bunty, I wis disappinted wi' Frunkie.

I widna care, Dod, but fan we asked him tae dae it he said he wid tak' the speech very seriously an' he wid get professional guidance aboot it.

Aye, it's jist a peety that consisted o' gain' tae Ritzy's last Tuesday tae hear Bernard Manning.